Éoliennes
La face noire de la transition écologique

Fabien Bouglé

Éoliennes

La face noire de la transition écologique

Vers un scandale environnemental mondial

éditions du
ROCHER

Éditions du Rocher
28, rue Comte Félix Gastaldi – BP 521 – 98015 MONACO

www.editionsdurocher.fr

ISBN : 978-2-268-10270-2
EAN epub : 9782268103198

À toutes les victimes de l'« écolo-business »,
et à Pierre Marceau, Sophie Détis, Cécile Chevallier,
Hervé Texier et Michel Broncard avec qui je partage
l'attachement indéfectible pour la préservation
de la nature.

Introduction

En quelques années, les éoliennes sont devenues le porte-étendard international de la transition écologique.

Symboles de la prétendue électricité « verte », elles se sont immiscées partout : sur les sites internet institutionnels, dans les livres scolaires, dans les publicités, dans les films, dans les médias. À l'échelle mondiale, elles ont envahi les paysages, ont investi avec brutalité les campagnes ou la mer, et sont devenues, par une propagande systématique et sans nuance, le symbole de l'écologie et de la lutte pour le climat.

Le développement des éoliennes – sur terre ou en mer – est en réalité au cœur de la politique mondiale de la transition écologique, et de la transition énergétique, qui constitue aujourd'hui la boussole de nos dirigeants. Elle est largement inspirée, sinon dictée, par l'*Energiewende*[1], concept importé d'Allemagne, l'un des principaux pays fournisseurs d'éoliennes dans le monde.

En outre, c'est sous le prétexte de la transition écologique que les États occidentaux se sont mis à dépenser des centaines de milliards d'euros, accentuant d'autant les déficits publics des pays concernés au détriment

1. « Révolution énergétique ».

de citoyens rackettés via leurs factures d'électricité ou d'essence, factures dont l'augmentation a engendré en France la crise des gilets jaunes.

Dans les faits, cette transition écologique imposée accentue encore le fossé entre une population rurale et littorale d'une part – population à laquelle on impose un changement de cadre de vie et des nuisances dus aux changements énergétiques par l'implantation des aérogénérateurs –, et une population urbaine d'autre part – laquelle profite des nouvelles technologies, voyage en avion, circule en transports en commun, roule en voiture électrique à faible autonomie et ne connaît pas les nuisances liées aux éoliennes. Cette rupture sociologique rejoint l'analyse menée par Christophe Guilluy[2] dans son ouvrage *La France périphérique*, livre qui met en lumière cette fracture. Elle se calque parfaitement sur la rupture écologique à l'échelle internationale.

Le discours dominant, favorable à l'installation des turbines électriques à vent, s'inscrit dans une ambition de conquête idéologique assise sur une posture morale. Adressé à une population mondialisée et privilégiée, il a une tonalité quasi religieuse. Usant du prétexte, compréhensible, de sauver la planète et de lutter contre le réchauffement climatique, on affirme qu'il conviendrait d'accepter des solutions présentées comme indiscutables et sans alternative. Récemment encore, des manifestations pour le climat, organisées dans les grands centres urbains par des ONG environnementales et des partis politiques, mettaient en avant les éoliennes sur des pancartes associant respect de la nature et énergie renouvelable, sans s'inquiéter du paradoxe qu'il y a à industrialiser les campagnes au nom de la sauvegarde de l'écosystème.

---

2. Christophe Guilluy, *La France périphérique : Comment on a sacrifié les classes populaires*, Paris, Flammarion, 2015.

Cette idéologie « planétophile » connaît un si grand succès qu'elle en arrive à contaminer l'écrasante majorité des cadres dirigeants, politiques et entrepreneuriaux, soucieux de bénéficier de l'image positive du développement durable, ainsi que la majeure partie d'une certaine population citadine, aveuglée et soumise au triptyque avion, boulot, dodo. Une population dont l'horizon se limite trop souvent aux buildings des quartiers d'affaires, et qui ne connaît parfois de l'environnement et de la nature que ce qu'elle voit et lit sur Internet.

L'expansion à marche forcée des éoliennes, en effet, a fini ces dernières années par imposer en France et dans le monde ce qui peut être qualifié de « paysages de l'énergie postmoderne[3] ». Facteurs d'angoisse, truffés de turbines gigantesques, ces paysages se sont étendus jusqu'aux abords des autoroutes, mais ont également investi d'authentiques coins de nature, justement choisis par leurs habitants pour leur quiétude.

Paradoxalement, des forêts sont saccagées pour installer des éoliennes[4], des projets sont envisagés au bord de superbes littoraux, des parcs naturels sont dénaturés au nom de ce qui s'impose aujourd'hui comme une nouvelle religion. Et des milliers de kilomètres de lignes à haute tension doivent traverser les paysages afin de raccorder ces turbines aux grands centres urbains[5].

3. Thomas Brühne, Michael Tempel et Michel Deshaies, « Les paysages postmodernes de l'énergie en Rhénanie-Palatinat », in *Revue géographique de l'Est*, vol. 55, n° 1-2, 2015 : Énergies renouvelables et territoires : les défis de la transition énergétique en Allemagne.

4. Killian Tribouillard, « Éoliennes en forêt de Lanouée. La justice autorise la reprise des travaux », in *Le Télégramme*, 6 mars 2019.

5. Déclaration de Delphine Batho, ministre de l'Écologie, du Développement durable et de l'Énergie. Session ordinaire de 2012-2013, première séance du mercredi 10 octobre 2012.

Lieux protégés par l'Unesco, terres indigènes au Mexique, îles ou lieux classés en zone Natura 2000 en Europe, cimetières militaires en mer ou sur terre, Mont-Saint-Michel, montagnes... Aucun paysage, aucune parcelle de nature préservée n'échappe à l'appétit des promoteurs, qui voient là l'intérêt d'associer leur nom à des hauts lieux du patrimoine naturel et touristique et d'augmenter encore plus leur visibilité et leur respectabilité.

Les entreprises n'hésitent pas, en effet, à investir massivement dans le secteur pour se donner une image verte ainsi que pour bénéficier de la manne financière considérable associée à cette industrie. À titre d'illustration, on peut citer la société d'ameublement Ikea[6] qui est devenue un des acteurs importants de la production d'électricité d'origine éolienne avec une filiale détenant une trentaine de centrales éoliennes rien qu'en France.

Au nom de l'« écologiquement correct », on détruit la nature. Certains ardents promoteurs de ces installations industrielles estiment que les éoliennes pourraient, par leur gigantisme, se substituer dans nos paysages aux clochers[7], devenant ainsi le symbole d'une nouvelle religion structurant les campagnes[8].

Les démarches d'approche de ces consortiums reposent sur une bonne connaissance du terrain, des instruments de communication efficaces et des commerciaux se

6. Keren Lentschner, « Ikea investit dans les éoliennes », in *Le Figaro*, 17 décembre 2016.

7. Conversation de l'auteur avec le député François Brottes lors d'un colloque de France Énergie Éolienne en 2012 (François Brottes est devenu président de RTE après avoir déposé en tant que député une proposition de loi permettant de faciliter les installations d'éoliennes).

8. Christine Hugh-Jones, « Les éoliennes, vertes et vertueuses », in *Terrain, anthropologie & sciences humaines*, L'imaginaire écologique, 2013, p. 108-131, *journals.openedition.org/terrain/15109*

présentant comme animés par une démarche sincère de soutien aux générations futures. La stratégie de conquête des promoteurs éoliens les amène à se présenter comme des ONG aux allures désintéressés et altruistes, parfois jusqu'à adopter pour slogan « *The power to survive*[9] », sous couvert de lutte contre le « réchauffement climatique ». Par ailleurs, comme nous le verrons, ils adoptent des formats de présentation quasi institutionnels dans les réunions d'informations qu'ils adressent au public local, ce qui renforce leur légitimité et leur influence sur les différents acteurs.

La confusion est d'autant plus facile qu'il arrive que les ONG elles-mêmes soient actionnaires de promoteurs éoliens. C'est le cas de Greenpeace, dont la structure Greenpeace Énergie détient des participations capitalistiques dans des centrales éoliennes[10], ou de structures comme WWF qui réalisent de véritables partenariats avec des promoteurs éoliens pour valoriser le développement de l'éolien dans des pays comme la Suisse ou la France[11], alors même que les turbines sont très néfastes pour la faune et les oiseaux. L'ambiguïté de cette « neutralité militante » a de quoi interroger.

Ainsi est-il aujourd'hui devenu très difficile de distinguer ce qui relève de la propagande commerciale des promoteurs éoliens ou du militantisme écologiste de « défense de la planète », des écosystèmes et de la biodiversité. La confusion profonde est bien entendu au

9. « Le pouvoir de survivre ». Sous-titre d'une brochure commerciale du promoteur éolien KDE Energy France.

10. Thibault KERLIRZIN, *Greenpeace : Une ONG à double fond(s)*, Édition VA press, mai 2018.

11. Bernard WUTHRICH, « Le WWF s'engage pour les éoliennes en Suisse », in *Le temps*, 5 décembre 2016.

service des promoteurs éoliens qui usent et abusent de ce symbole fort.

Implacables, les éléments de langage communs aux industriels du vent et aux ONG qui défendent l'éolien sont parfaitement huilés : le vent est gratuit, le vent est inépuisable, le vent est une ressource naturelle, le vent est bon pour la planète. Ce discours est notamment relayé par des campagnes publicitaires d'envergure. La perspective du réchauffement climatique est savamment exploitée par l'instrumentalisation d'enfants militants écologistes comme Greta Thunberg[12]. La population est conditionnée à l'idée que *la* solution urgente face au risque écologique, c'est la transition par l'installation de milliers d'éoliennes. Dans ces conditions, il est devenu très difficile de porter un discours alternatif ou même rationnel sur le sujet, tant le risque est grand d'être caricaturé. Avec son clergé, ses enfants de chœur, ses censeurs et ses croyances dogmatiques, l'éolien oblige à une conversion sans réserve et le récuser relève de l'hérésie.

Depuis l'installation des premières éoliennes au début des années 2000[13], les promoteurs et leurs alliés se sont fortement radicalisés. Par un lobbying intensif auprès des politiques et jusque dans les Assemblées, ils ont progressivement poussé à la modification des lois et contribué à éliminer tous les freins empêchant le développement anarchique des implantations d'éoliennes. Certains n'hésitent devant rien, allant jusqu'à éliminer physiquement les opposants pour parvenir à leurs fins[14].

---

12. Laurent Alexandre, « Greta Thunberg est instrumentalisée par des militants extrémistes », in *Le Figaro*, 19 mars 2019.
13. *www.journal-eolien.org/tout-sur-l-eolien/chronologie-de-l-eolien-en-france*
14. Camille Lavoix, envoyée spéciale, « Révolte et morts suspectes autour des champs d'éoliennes mexicains », in *Le Nouvel Observateur*, 5 octobre 2014.

Face à cette stratégie systématique de colonisation de nos pays, une résistance s'est progressivement organisée, structurée et développée à l'échelle mondiale. Artisanale, elle repose sur des personnalités de milieux et d'origines très contrastés. En France, le quotidien *Le Figaro* remarquait d'ailleurs en août 2018 que « du bourgeois au militant mélenchoniste en passant par l'anarchiste, le pêcheur et le châtelain, l'opposition à l'éolien était de plus en plus composite[15] ». Avec ses mille cinq cents associations, ses deux fédérations, la FED (Fédération environnement durable) et Vent de colère, ses réseaux comme le réseau Ulysse, la lutte anti-éolienne regroupe en France des citoyens de toutes classes sociales, de tous niveaux culturels, et de toutes tendances politiques confondues. Ces écologistes ont en commun d'avoir découvert la face obscure de l'éolien par des voies d'entrée diverses, mais qui mènent aux mêmes conclusions. Concernés souvent par un projet de centrale éolienne à proximité de leur maison, ils ont pour la plupart largement dépassé la mentalité du « *not in my backyard*[16] » pour appréhender l'escroquerie intellectuelle et le véritable non-sens écologique que constitue cette politique.

Souvent caricaturés par les promoteurs, les résistants écologistes anti-éoliennes, organisés en réseaux à l'échelle européenne[17] et mondiale, ont établi une véritable solidarité pour pallier les déséquilibres des forces en présence et combattre ensemble pour la préservation de leur cadre de vie[18].

---

15. Marie-Estelle PECH, « La fronde anti-éoliennes prend de l'ampleur », in *Le Figaro*, 6 août 2018.
16. « Pas dans mon arrière-cour », expression instrumentalisée par les promoteurs éoliens pour ridiculiser les écologistes résistants à l'éolien.
17. EPAW : European Plateform Against Windfarm, *epaw.org*
18. Pierre DUMONT et Denis de KERGORLAY, « Éoliennes : chronique d'un naufrage annoncé », Éditions François Bourin, novembre 2018.

La vérité est que l'industrie éolienne n'est pas du tout écologiste mais répond à une logique de profit exclusif en faveur des promoteurs éoliens par des montages financiers couverts par la politique écologique des États. En aucun cas l'éolien n'est au service d'une écologie durable et pérenne. Cette industrie constitue même une arme de destruction massive de l'environnement.

C'est, comme nous l'observerons, une industrie polluante, qui détruit la nature et l'environnement de nos concitoyens. À terme, les éoliennes pourraient être considérées comme le scandale mondial du siècle, lorsque la vérité sera connue du grand public. En y regardant de plus près, et en décryptant les études mondiales sérieuses et institutionnelles sur le sujet, on découvre que l'utopie de l'électricité d'origine éolienne dissimule une véritable machine de guerre contre la ruralité et l'environnement. La multiplication des oppositions, particulièrement cruciale dans certaines régions comme le nord de la France, contribue cependant à modérer des acteurs politiques qui prennent en compte la force des critiques et de la radicalisation des oppositions.

C'est d'ailleurs ce contexte qui explique que de nombreuses personnalités politiques[19] et environnementales[20] prennent conscience du grave danger que constitue l'éolien et qu'une commission d'enquête parlementaire, créée à l'initiative du député Julien Aubert a travaillé en

19. « "Stop aux nouvelles éoliennes !", le cri d'alarme de dix députés », in *le Figaro*, 20 juin 2018 ; ou « La campagne anti-éolien de Xavier Bertrand », in *Le Monde*, 19 janvier 2019 ; Michel Revol, « Éoliennes : le coup de gueule de Dominique Bussereau », in *Le Point*, 30 mars 2019.
20. « Yeu-Noirmoutier. Parc éolien : "un projet gargantuesque", selon Brice Lalonde », in *Ouest-France*, 24 avril 2019.

2019 sur le sujet des énergies renouvelables et plus particulièrement sur la question de l'énergie éolienne[21].

Fruit de dix années de combat acharné contre le puissant lobby industriel du vent, ce livre ambitionne d'en dévoiler la face cachée. Il se veut une synthèse précise et documentée des connaissances acquises, de l'ensemble des données et des études mondiales réalisées sur le sujet.

Pollution, matières premières non recyclables, déchets radioactifs, développement des lignes à haute tension, émissions de CO_2, atteintes graves à la santé et à la biodiversité, détournement de fonds publics, augmentation du prix de l'électricité, déni de démocratie, destruction d'emplois, fiscalité à tous crins, ONG en conflit d'intérêts, corruption, mafia… Vous allez découvrir tout ce qu'il faut savoir et que l'on vous cache sur les éoliennes.

21. Assemblée nationale, Proposition de résolution n° 1489 du député Julien Aubert enregistrée le 11 décembre 2018, tendant à la création d'une commission d'enquête sur l'impact économique, industriel et environnemental des énergies renouvelables, sur la transparence des financements et sur l'acceptabilité sociale des politiques de transition énergétique.

1

Des matières polluantes et non recyclables

En 2010, le studio d'architecture londonien Tonkin Liu a présenté au Royaume-Uni une éolienne géante en forme de fleur destinée à être installée sur les berges de la rivière Mersey, à proximité de friches industrielles. Haute de quatorze mètres, elle est ornée de cent vingt pétales d'acier perforé galvanisé et s'illumine de nuit en rouge grâce à soixante diodes électroluminescentes (DEL), elles-mêmes alimentées par trois éoliennes intégrées à cette structure poétiquement intitulée « Future Flower, Waterfront Regeneration[1] ». Au-delà de son esthétique discutable, cet ensemble architectural est en lui-même typique de la confusion sémantique largement entretenue entre machine industrielle et élément naturel propre à se fondre dans le paysage.

Invariablement, la communication grand public des promoteurs éoliens insiste sur la dimension propre

1. « Fleur du futur, régénération du bord de l'eau », Jess, « Future Flower by Tonkin Liu », in *Indisignlive*, 28 avril 2010.

et immaculée des éoliennes (leur couleur est le blanc…), dont le *design* épuré conforte. Certains vont jusqu'à les présenter en les associant aux éléments naturels, vent ou vert, dans des publicités ou à les comparer à des végétaux – des fleurs le plus souvent –, pour mieux souligner leur aspect parfaitement naturel, pur et écologique[2].

Ils se gardent bien de s'appesantir sur les matières premières nécessaires à leur implantation et masquent sciemment les processus de fabrication des turbines, très éloignés de l'image idyllique répandue par leur communication. Or, la question de la fabrication, de l'acheminement et de l'installation des éoliennes constitue dès le départ un sujet de réflexion à part entière, soulevant un véritable paradoxe écologique. L'étude détaillée des éléments de composition nécessaires à leur fabrication montre à quel point leur construction et leur installation sont lourdes de conséquences sur l'environnement.

L'insertion de l'éolienne dans un paysage, idéalisée, fait abstraction totale de l'utilisation des ressources ou des matières premières nécessaires, pourtant génératrice de pollution, soit pour l'extraire ou la concevoir, soit parce que la matière première utilisée dans la fabrication est tout simplement non recyclable, en opposition totale avec les principes écologiques qu'elles prétendent incarner.

À ce stade, il convient pour éclairer les esprits de revenir en détail sur les constituants nécessaires à la fabrication d'une éolienne.

Une éolienne est toujours composée de quatre éléments principaux :

2. « Des éoliennes comme des bouquets de fleurs pour appeler à la transition énergétique », in www.greenpeace.fr, 15 février 2012, *greenpeace.fr/paris/des-eoliennes-comme-des-bouquets-de-fleurs-pour-appeler-a-la-transition-energetique/*

- la nacelle qui constitue la véritable salle des machines des aérogénérateurs. Pour les aimants et les rouages qui la constituent, elle nécessite l'utilisation d'importantes quantités de terres rares,
- les immenses pales de cinquante à cent mètres de longueur sont réalisées en fibre de carbone,
- le mât de cent à cent cinquante mètres de hauteur est en acier ou en béton,
- le socle en béton armé nécessaire pour soutenir le mât d'éolienne.

Hormis le mât qui peut être facilement recyclé, les trois autres éléments les plus importants ont tous un impact écologique très lourd.

Les enjeux environnementaux des terres rares

Les terres rares[3] constituent une des matières indispensables à la conception des nacelles éoliennes, en particulier des aimants servant à la fabrication des rotors qui vont transformer le vent en électricité. En effet, les aimants fabriqués avec un alliage de néodyme, de fer et de bore sont beaucoup plus puissants que les aimants réalisés à base de ferrite. Les terres rares permettent donc de réduire fortement la taille des aimants nécessaires à la production de l'électricité dans les machineries des éoliennes.

Au-delà des éoliennes, les terres rares sont devenues aujourd'hui absolument indispensables pour les

3. Les terres rares désignent dix-sept métaux : le scandium, l'yttrium et les quinze lanthanides (lanthane, cérium, praséodyme, néodyme, prométhium, samarium, europium, gadolinium, terbium, dysprosium, holmium, erbium, thulium, ytterbium et lutécium).

voitures électriques, les panneaux photovoltaïques, et les téléphones et ordinateurs portables également. Bref, une grande partie des produits valorisés par nos nouveaux modes de consommation. Elles sont tellement indispensables dans nos sociétés qu'elles sont depuis quelques années au cœur de défis géopolitiques[4] et commerciaux[5] majeurs, le quasi-monopole de l'extraction étant détenu par la Chine. En France, un rapport conjoint de l'Assemblée nationale et du Sénat souligne en 2016 les enjeux extrêmement importants pour la France de ces matières premières[6].

En France le document de présentation du Plan pluriannuel de l'énergie par le ministère de la Transition écologique nous apprend début 2019 que, pour une éolienne qui produit un mégawatt, il faut deux cents kilogrammes de terres rares et que, pour une éolienne en mer de dix mégawatts, il est indispensable de disposer d'une tonne de terres rares[7]. D'après cette source officielle, l'industrie éolienne est même le moyen de production d'énergie qui utilise le plus de terres et de métaux rares, alors même que leur utilisation provoque des dégâts écologiques terrifiants.

Les mines de terres rares sont des mines à ciel ouvert situées principalement en Chine, en particulier

---

4. Damien DEGEORGES, *Terres rares : enjeu géopolitique du XXIe siècle*, Éditions L'Harmattan, 2012.

5. « Les terres rares, un enjeu dans la guerre commerciale », in *Les Échos*, 2 juillet 2019.

6. « Les enjeux stratégiques des terres rares et des matières premières stratégiques et critiques », Rapport n° 617 (2015-2016) de Patrick HETZEL, député, et Delphine BATAILLE, sénatrice, fait au nom de l'Office parlementaire d'évaluation des choix scientifiques et technologiques, déposé le 19 mai 2016.

7. Source : ministère de la Transition écologique et solidaire, Document de présentation du Plan pluriannuel de l'énergie, janvier 2019, p. 106.

en Mongolie Intérieure. Bien qu'on trouve à un niveau marginal des terres rares en Afrique et en Amérique, les conditions de rentabilité de l'extraction de ces métaux font que c'est la Chine qui détient aujourd'hui le quasi-monopole de l'exploitation des métaux rares avec une production de cent cinq mille tonnes de terres rares pour une production mondiale de cent trente mille tonnes en 2017[8].

Par ailleurs, les conséquences écologiques sont telles que les pays occidentaux, qui sont du reste de très grands consommateurs de métaux rares, ont préféré en abandonner l'extraction sur leur sol pour laisser les pays en développement faire face à ce désastre. C'est ainsi que la société Rhône-Poulenc a choisi d'abandonner à la fin des années quatre-vingt-dix la production de terres rares en France pour délocaliser sa production en Chine, n'hésitant pas à investir une participation significative dans la principale entreprise de production de terres rares en Chine en 1997[9].

Pour tirer les précieux métaux rares de la terre, le procédé d'extraction consiste dans un premier temps à réaliser un trou béant après que l'ensemble de la végétation a été détruit sur les parcelles concernées. Pour obtenir une quantité relativement faible de métaux rares, les entreprises minières doivent charrier des quantités astronomiques de terres et de roches : il faut extraire mille deux cents tonnes de matière pour un seul kilogramme de lutécium, huit tonnes et demie de roche pour extraire un kilogramme de vanadium, seize tonnes

8. USGS Minerals – « Rare Earths », Institut d'études géologiques des États-Unis, janvier 2018.

9. « Rhône-Poulenc entre dans les terres rares en Chine », in *Les Échos*, 28 mars 1997.

pour un kilogramme de cérium, cinquante tonnes pour un kilogramme de gallium, etc.[10].

L'exploitation des terres rares se fait en trois phases : l'extraction de la roche, le broyage du minerai en fine poudre, puis la séparation des métaux recherchés du reste des minerais par l'utilisation d'une quantité importante d'énergie, d'eau et de produits chimiques tels que l'acide sulfurique.

L'industrie demande une grande pureté du produit, car les minerais prêts à être vendus doivent contenir à 99,99 % le métal recherché. Pour obtenir des métaux quasi purs, les entreprises productrices doivent ainsi procéder à plusieurs lavages des terres obtenues (presque une dizaine) avec des produits chimiques acides. Les différents traitements conduisent à des rejets dans la nature d'un déchet liquide contenant de l'eau souillée, des produits chimiques et des minéraux de terre très polluants.

En France, un site du CNRS, EcoInfo, a publié en 2010 une étude assez complète sur les terres rares et les importantes difficultés associées à leur extraction. Il souligne l'important paradoxe de ces matières censées aider à la protection de la planète :

> *Les applications industrielles de terres rares se font à des niveaux de pureté très élevés, jusqu'à 6N (99,9999 %) pour les luminophores. Or, le produit minier brut est un mélange des 17 terres rares, encore appelé "Mischmetal" – "mélange de métaux" en allemand. Il faut un grand nombre d'opérations pour obtenir d'abord la séparation de ces éléments puis l'atteinte d'un tel niveau de purification. Chaque*

10. Stéphan Le Doaré, « Terres rares payées cher », in *Institut Sapiens*, 15 janvier 2019.

> *passage implique des rejets d'autant plus polluants qu'une radioactivité est associée aux concentrés de terres rares*[11].

Dans le livre *Remediation and Management of Degraded Lands* (assainissement et gestion des terres dégradées), un chapitre nommé « Impact of Rare Earth Mining on the Environment and the Effect of Ecological Measures on Soil » (impacts de l'exploitation des terres rares sur l'environnement et effet des mesures écologiques sur les sols) dévoile dans le détail les différents impacts écologiques de l'extraction de terre rares[12]. Parmi ces impacts on relèvera en particulier :

- Destruction du tissu végétal et des terres agricoles, à tel point qu'une fois l'exploitation de la mine réalisée, aucune activité agricole n'est possible sur ces terres totalement lessivées.
- Pollution de l'eau par l'utilisation de grandes quantités de sulfate d'ammonium et d'acide oxalique (pour une tonne d'oxydes de terres rares, il est nécessaire d'employer de six à sept tonnes de sulfate d'ammonium et de mille deux cents à mille cinq cents kilogrammes d'acide oxalique). Les eaux de rejet sont totalement polluées et, rejetées dans la nature, elles sont susceptibles de contaminer les nappes phréatiques.
- Production de déchets radioactifs par l'extraction d'éléments lourds de terres rares à partir de bastnaésite et de monazite.

11. *ecoinfo.cnrs.fr/2010/08/06/4-quels-impacts*
12. *Remediation and Management of Degraded Lands*, M. H. WONG, J. W. C. WONG, A. J. M. BAKER, chapitre 10 « Impacts of Rare Earth Mining on the Environment and the Effects of Ecological Measures on Soil », p. 103-110.

- Rejet des métaux lourds comme le plomb, le mercure ou le cadmium au moment de l'opération de purification.

Journaliste de *Géo* et du *Monde diplomatique*, Guillaume Pitron dévoile au grand public la face cachée de l'utilisation des terres rares dans un ouvrage de 2018[13]. Il y souligne que sous prétexte de développer une civilisation occidentale écologiquement correcte, c'est sans hésitation qu'on procède à la destruction des environnements et des écosystèmes des pays fournisseurs de terres et métaux rares. Ainsi dresse-t-il, dans la présentation de son ouvrage, une analyse sans concession de ces pratiques qui ont des impacts écologiques sans précédent dans les pays producteurs :

> *Graphite, cobalt, indium, platinoïdes, tungstène, terres rares, ces ressources sont devenues indispensables à notre nouvelle société écologique (voitures électriques, éoliennes, panneaux solaires) et numérique (elles se nichent dans nos smartphones, nos ordinateurs, tablettes et autre objets connectés de notre quotidien). Or les coûts environnementaux, économiques et géopolitiques de cette dépendance pourraient se révéler encore plus dramatiques que ceux qui nous lient au pétrole. Dès lors, c'est une contre-histoire de la transition énergétique que ce livre raconte – le récit clandestin d'une odyssée technologique qui a tant promis, et les coulisses d'une quête généreuse, ambitieuse, qui a jusqu'à maintenant charrié des périls aussi colossaux que ceux qu'elle s'était donnés pour mission de résoudre*[14].

---

13. Guillaume Pitron, préfacé par Hubert Védrine, *La guerre des métaux rares. La face cachée de la transition énergétique et numérique*, Les liens qui libèrent, 2018.
14. Quatrième de couverture, *ibid.*

En 1988, les conséquences environnementales de l'extraction des terres rares ont contraint les États-Unis à fermer la mine à ciel ouvert de Mountain Pass, en Californie, après que des milliers de litres d'eau radioactive ont été déversés par accident dans la nature. Ailleurs, en Mongolie Intérieure, il a été mesuré près de la mine de Baotou, haut lieu d'extraction, une radioactivité trente-deux fois supérieure à la normale, là ou celle de Tchernobyl est quatorze fois supérieure[15]. En effet, dans les minerais, les terres rares sont nécessairement associées à des éléments radioactifs comme le thorium ou l'uranium[16]. L'extraction conduit donc logiquement à la production de déchets radioactifs.

Dans certaines usines en Chine, les conditions de production des terres rares sont apocalyptiques pour les ouvriers et l'environnement. Un reporter du *Daily Mail* décrit, quant à lui, les conditions de travail dans un article de 2010 :

> *À l'intérieur de l'usine, de l'acide sulfurique à ébullition coule dans des tranchées ouvertes et de la lave jaune en fusion jaillit des fourneaux rotatifs. L'air rempli de sulfure piquait les yeux et brûlait les poumons. Les vêtements des ouvriers étaient parsemés de taches d'acide*[17].

15. Rédaction, « Les terres rares, qu'est-ce que c'est ? », in *Géo*, 8 septembre 2014.
16. Guillaume Pitron, *op.cit.*, p. 94.
17. « EXCLUSIVE : Inside China's Secret toxic Unobtainium Mine », Richard Jones in *Daily Mail*, 10 janvier 2010, *dailymail.co.uk/news/article-1241872/EXCLUSIVE-Inside-Chinas-secret-toxic-unobtainium-mine.html*

Les conditions d'extraction des terres rares et les produits rejetés sans contrôle dans la nature conduisent à des problèmes de santé publique majeurs, non seulement pour les ouvriers travaillant dans ces usines, mais également pour les habitants résidant à proximité des sites. En Malaisie, la raffinerie de terres rares de Bukit Merah qui fournissait Mitsubishi entre 1982 et 1992 a fermé après l'apparition de nombreux cas de leucémie et de malformation à la naissance. Les déchets radioactifs de l'usine de terres rares avaient été mis en décharge illégalement, ce qui a probablement eu un impact sur la santé des habitants[18].

En Chine également, de nombreux cas de problèmes de santé et de cancers sont recensés. Dans un article pour *20 Minutes*, l'AFP (Agence France Presse) dévoile « les ravages des terres rares en Chine » et signale en particulier que des études ont montré que dans la région de Baotou (un des principaux lieux d'extraction de terres rares avec 70 % de la production mondiale) l'eau et le sol contenaient des matières radioactives cancérigènes[19]. Envoyée spéciale du *Monde* à Baotou, la journaliste Cécile Bontron décrit dans un article de 2012[20] le désastre environnemental et sanitaire provoqué par cette industrie minière et évoque la pollution des sols et des nappes phréatiques empêchant toute poursuite de la vie agricole et provoquant l'exil des habitants.

À ceci s'ajoute le fait que dans certains pays, en particulier en Afrique, l'extraction des terres rares serait

18. Kiera BUTLER, « Pollution. Un poison radioactif dans nos smartphones », in *Courrier International*, 25 janvier 2013.
19. AFP, « Les ravages des terres rares en Chine », in *20 Minutes*, 1er mai 2011.
20. Cécile BONTRON, « En Chine, les terres rares tuent des villages », in *Le Monde*, 19 juillet 2012.

intimement liée à des conflits armés et à d'importants déplacements de population. Le gouvernement canadien souligne dans un rapport sur le sujet des terres rares au Congo et au Rwanda que « plusieurs mines illégales de coltan [colombium (niobium) et tantale] seraient exploitées au Rwanda, en République démocratique du Congo et dans d'autres pays africains. La production de ces mines serait écoulée sur les marchés mondiaux (principalement la Chine) et servirait à financer la guerre civile et l'achat d'équipement militaire[21] ».

Un récent rapport[22] d'avril 2019 de l'Institut 35 de l'université de technologie de Sydney pointe du doigt les terribles effets environnementaux et humains liés à l'extraction des terres rares et souligne ce paradoxe que, pour contribuer à la sauvegarde de l'environnement par les énergies renouvelables, il faille participer à sa destruction. Par ailleurs, il précise qu'une société souhaitant promouvoir une électricité 100 % renouvelable pourrait faire exploser la demande en terres rares, accentuant d'autant les conséquences environnementales déjà désastreuses. Diffusant ce rapport, l'ONG Environnementale Earthwork précise, après ces conclusions :

> *L'extraction de minéraux coûte déjà très cher à la population et à l'environnement, alimentant les violations des droits de l'homme, la pollution massive de l'eau et la destruction de la faune et de la forêt. L'augmentation de la demande en minéraux signifie que les coûts humains et environnementaux liés à l'extraction de minéraux vont également fortement augmenter.*

---

21. *mern.gouv.qc.ca/mines/industrie/metaux/metaux-exploitation-tantale.jsp*
22. Elsa Dominish, Sven Teske and Nick Florin, « Responsible minerals sourcing for renewable energy », Institute for Sustainable Futures, University of Technology, Sydney, 17 avril 2019.

Selon le Programme des Nations unies pour l'environnement, l'extraction de métaux contribue pour 10 % aux émissions de gaz à effet de serre dans le monde[23].

Le panorama initial désastreux de ce seul composant déterminant pour la construction d'éoliennes et générateur de grande quantité de déchets radioactifs suffit à démontrer la nature trompeuse d'une transition écologique qui se ferait par le déploiement des aérogénérateurs. Mais ce constat accablant est aggravé par l'impossibilité technique d'assurer le recyclage des immenses pales d'éoliennes.

L'impossible recyclage des pales

Les pales constituent un élément très important des éoliennes. Elles doivent combiner solidité et légèreté. C'est la raison pour laquelle elles sont fabriquées à partir de matériaux composites, mélanges de fibre de verre, de fibre de carbone, de résines polyester ou de résines d'époxy[24]. Certains chercheurs ont trouvé des techniques pour réaliser des pales à nanotubes de carbone en polyuréthane renforcé, de plus en plus grandes et de plus en plus solides.

La grande difficulté des matériaux composites tient au fait qu'ils sont très difficilement recyclables. C'est ainsi que l'Allemagne, ayant supprimé les subventions à destination des promoteurs éoliens, se retrouve avec un immense stock d'éoliennes à recycler, avec une

23. *earthworks.org/campaigns/making-clean-energy-clean.*

24. Vincent Delong, « Avec quels matériaux sont fabriqués les pales des éoliennes ? », in *lenergeek.com*, 4 février 2013.

quantité de déchets évaluée à seize mille tonnes par an[25]. De même, un certain nombre d'éoliennes ayant atteint leur limite d'âge d'environ vingt à vingt-cinq ans sont soit supprimées définitivement, soit remplacées par d'autres éoliennes aux performances et aux tailles plus importantes, conduisant *de facto* à une nouvelle aggravation de la quantité de déchets à recycler.

En tout état de cause, le démantèlement des éoliennes suppose de décider du sort des pales d'éoliennes mises au rebut, sachant qu'aucune solution « écologique » pour le recyclage de la fibre de carbone n'existe. Le voile commence depuis peu à être levé sur le problème majeur que constitue le recyclage de ces pales en Allemagne, alors qu'un nombre important d'aérogénérateurs vont être démantelés en raison de la fin des subventions en 2020[26]. Quatorze mille devront être défaites d'ici 2025 dont cinq mille six cents à compter de janvier 2021[27].

Sur son site internet, l'entreprise Veolia révèle l'énorme difficulté à laquelle les Allemands vont être confrontés à cause du nombre très important de pales à recycler. L'entreprise annonce clairement la couleur en juin 2018 :

> *Les premiers démantèlements ont révélé une complication inattendue : la conception des éoliennes n'est pas toujours écologique. Les pales en particulier posent problème. Elles sont fabriquées avec des fibres de verre (pour les plus anciennes) ou des fibres de carbone*

25. Alex Reichmuth, « Abbruchstimmung in Deutschland », in *Basler Zeitung*, 5 avril 2018.
26. Luc Lenoir, « Le (polluant) recyclage des vieilles éoliennes allemandes », in *Le Figaro*, 29 janvier 2019.
27. « 90 Meter Trümmer : Auf Deutschland kommt ein riesiges Entsorgungsproblem zu Krebsgefahr durch Windradschrott ! », in *Deutschland Kurier*, 7 août 2019.

> *(pour les plus récentes). Ces matériaux composites ont l'avantage de rendre les pales à la fois légères et résistantes, mais s'avèrent difficiles,* voire impossibles à recycler[28].

Veolia évalue à cinquante mille tonnes le poids des pales d'éoliennes à recycler d'ici la fin de l'année 2019, mais précise qu'« il n'existe pour l'instant aucun procédé de valorisation pour les produits à base de fibre de carbone arrivés en fin de vie ».

Le porte-parole d'une grande entreprise de recyclage allemande a avoué au quotidien économique *Handelsbatt* être sur cette question « confront[é] à un énorme problème[29] ».

Dès lors, compte tenu de l'absence de solution fiable pour le recyclage, les promoteurs éoliens sont désormais contraints d'enterrer les composants en fibres de carbone dans les sous-sols[30]. Il s'agit de la seule solution à ce jour pour le sort de ces pales. On évoque ainsi sous le manteau l'enterrement des matières de pale dans des décharges en Afrique. En effet, l'utilisation des déchets de pales d'éoliennes comme combustibles est beaucoup trop néfaste : de nombreux déchets sont notamment rejetés dans l'air et les filtres des incinérateurs sont vite obstrués. Par ailleurs, selon des études réalisées par les experts de l'armée allemande, la *Bundeswehr*[31], les poussières

28. « Comment recycler les pales des éoliennes ? », in *Living Circular*, Veolia, 7 juin 2018 ; *livingcircular.veolia.com/fr/industrie/comment-recycler-les-pales-des-eoliennes*

29. « Alte Windräder warden sum Problem », in *Hädelsblatt*, 30 mai 2017.

30. Laurent Rousselle, « Et si on arrêtait d'enfouir les pales d'éoliennes ? », in *Usine nouvelle*, 20 février 2019.

31. Christiane Brünglinghaus : « Gesundheitsgefahren durch Carbonfasern : CFK-Valley Stade nimmt Stellung », in *Springer Professionnal*, 13 octobre 2014.

provenant de l'incinération de fibres de carbone comme celles des pales d'éoliennes sont considérées comme extrêmement dangereuses pour la santé car elles provoquent un cancer comparable à l'effet de l'amiante[32]. La seule solution aujourd'hui est donc l'enfouissement.

En France, cette question de la difficulté du recyclage des pales a été vivement rappelée en avril 2018 par Arnaud Leroy, président de l'Agence de l'environnement et de la maîtrise de l'énergie (ADEME[33]), lors du colloque du Syndicat des énergies renouvelables (SER), principale organisation de promoteurs éoliens. Il soulignait la grande difficulté posée par les déchets des pales éoliennes, qui formeraient un sujet majeur dans les années futures[34]. Conscient des énormes difficultés à venir, le président de l'ADEME a appelé, au sujet des aérogénérateurs, à un « développement irréprochable des énergies renouvelables ».

Cette question est d'autant plus importante qu'à ces difficultés s'ajoute la question épineuse du sort des socles en béton armé disséminés dans la nature pour assurer le maintien des mâts éoliens.

32. « 90 Meter Trümmer… » *op cit.*, in *Deutschland Kurier*, 7 août 2019.
33. L'ADEME est un établissement public sous la tutelle conjointe du ministère de la Transition écologique et solidaire et du ministère de l'Enseignement supérieur, de la Recherche et de l'Innovation. *ademe.fr/lademe/presentation-lademe*.
34. Dominique Pialot, « L'Ademe appelle à un développement irréprochable des énergies renouvelables », in *La Tribune*, 6 février 2019.

Des socles en béton armé enterrés pour longtemps

Élément essentiel pour maintenir le mât éolien, le socle en béton armé coulé dans les sols constitue lui aussi une atteinte grave à l'environnement des lieux d'implantation. Pour réaliser un seul socle d'éolienne, il faut une imposante quantité de ferraille et de béton : pour une éolienne moyenne de deux mégawatts, le diamètre du socle sera d'environ quinze à vingt mètres, pour une hauteur de trois à quatre mètres de haut. Il sera nécessaire de couler entre quatre cents et six cents mètres cubes de béton sur une ossature en fer d'environ cinquante tonnes.

Alors que pour un béton traditionnel (béton lourd), le poids est d'environ deux tonnes et demie par mètre cube, pour un béton léger, le poids se situe à trois cent cinquante kilogrammes par mètre cube au bas mot[35]. Pour un mât en béton précontraint[36], il convient d'installer un socle en béton dont le poids est d'environ trois cent cinquante kilogrammes par mètre cube, soit le même que celui du béton léger. La masse de béton nécessaire pour la fabrication d'une éolienne oscille donc entre cent cinquante-sept tonnes, si on utilise du béton léger[37] et mille cent vingt-cinq tonnes si on utilise du béton lourd[38]… masse à laquelle s'ajoute la masse de l'ossature en ferraille (aux alentours de cinquante tonnes, comme nous l'avons vu).

Dans un dossier de demande d'autorisation d'exploiter une installation éolienne au titre des ICPE (Installations

35. *travauxbeton.fr/1-m3-de-beton-en-kg*.

36. Stéphane Miget, « Socles béton spécifiques pour éoliennes dotées de mâts en béton précontraint », in *Le Moniteur*, 7 mars 2012.

37. 450 m^3 x 350 kg.

38. 450 m^3 x 2 500 kg.

classées pour la protection de l'environnement) dans la Meuse, le promoteur éolien a réalisé une estimation de l'acheminement des éoliennes et du matériel nécessaire au chantier pour une éolienne. Il y est précisé pour le génie civil :

> *béton : 50 camions toupie béton par fondation ; ferraillage et coffrage : 2 poids lourds par éolienne ; 1 convoi exceptionnel (grue). Pour la plateforme : environ 100 camions-benne par éolienne ; pour les chemins d'accès : 15 camions-benne par 100 m de piste à créer ou à améliorer*[39].

Tous ces travaux ne sont pas anodins pour l'environnement et pour la nature directement impactés par les travaux réalisés pour couler les fondations d'éoliennes, mais également en termes de bilan carbone. Ces milliers de tonnes de béton coulés dans la terre resteront enterrées définitivement dans les sols car il est extrêmement compliqué et coûteux de supprimer cette masse de béton.

Pour éviter que les sols agricoles soient trop impactés, l'article 1er de l'arrêté du 26 août 2011[40] prévoit en France que les socles en béton doivent être « rabotés » sur une profondeur minimale d'un mètre dans le sol. Certains promoteurs ont trouvé la parade et réalisent leur socle en les enfonçant d'un mètre par rapport au niveau du sol. Ainsi, ils n'ont plus – en cas de désinstallation – à supprimer le socle à hauteur d'un mètre. L'affaire est réglée…

---

39. Dossier de demande d'autorisation d'exploiter au titre des ICPE, Projet éolien « Rosières » (Meuse, 55), Commune de Chanteraine, octobre 2014.
40. Arrêté du 26 août 2011 relatif à la remise en état et à la constitution des garanties financières pour les installations de production d'électricité utilisant l'énergie mécanique du vent.

La question du démantèlement des éoliennes est donc au cœur du problème des installations des éoliennes. À ce jour, en France par exemple, l'État prévoit l'obligation pour le promoteur éolien de souscrire à une garantie financière de cinquante mille euros par mât éolien pour provisionner le démontage et la désinstallation des éoliennes en fin de vie. À ce sujet, le journaliste économique Luc-Antoine Lenoir, souligne que les cinquante mille euros de caution sont nettement insuffisants pour prévoir l'ensemble du démantèlement des éoliennes, ce qui explique que dans bien des cas, les socles en béton restent figés dans les sous-sols des propriétaires. Il précise que « l'enlèvement complet des bases en béton des éoliennes peut rapidement coûter plusieurs centaines de milliers d'euros supplémentaires, une somme que la plupart des opérateurs n'ont pas intégrée à leur plan d'affaires[41] ».

En cas de faillite, lorsque les subventions seront supprimées, si les promoteurs éoliens ne peuvent pas payer, cette charge de désinstallation sera à la charge du propriétaire des terres, qui n'aura plus que ses yeux pour pleurer. Face à l'éventuelle faillite personnelle de ce dernier, l'État se retrouvera à devoir démanteler avec l'argent des contribuables les mâts éoliens à l'abandon. Dans certains pays, les éoliennes sont tout simplement laissées sur place. Aux États-Unis, ce sont déjà plus de quatorze mille éoliennes rouillées qui parsèment le sol californien, dans des paysages de désolation et d'abandon[42].

41. Luc Lenoir, « Le (polluant) recyclage des vieilles éoliennes allemandes », in *Le Figaro*, 29 janvier 2019.

42. *toryaardvark.com/the-united-states-is-littered-with-more-than-14000-abandoned-wind-turbines.*

Enfin, si les éoliennes sont finalement désinstallées, aucune obligation légale de recyclage n'est prévue en France, ce que l'on peut ajouter au fait que les rotors en terres rares restent très difficilement recyclables également. Si bien qu'à l'heure actuelle, rien n'est envisagé par la loi pour le recyclage des matières premières des éoliennes en déshérence ou en fin de vie – terres rares, fibres de carbone, huile de vidange[43] et béton –, même si le gouvernement s'est donné dans le Plan pluriannuel de l'énergie dévoilé cette année l'objectif d'y remédier.

Le cycle de vie relativement court des éoliennes, de vingt à vingt-cinq ans maximum[44], accentue la nécessité de réutiliser pour les remplacer des matières polluantes au risque d'aggraver encore l'impact environnemental de leur fabrication. À ce cycle infernal s'ajoute le fait que dans le cadre du *repowering*, c'est-à-dire du remplacement d'éoliennes en fin de vie, il est impossible d'installer sur le même socle des éoliennes plus hautes et plus puissantes, et il est donc nécessaire d'installer un nouveau socle en béton à côté de celui installé initialement, accentuant et multipliant d'autant la pollution des sols et des sous-sols.

---

43. Les rotors d'éoliennes exigent l'utilisation jusqu'à deux mille cinq cents litres d'huile qui, dans certains cas, déborde sur le mât, souillant de fait le sol au pied des éoliennes.

44. Rédaction, « Transition énergétique : quelle est la durée de vie d'une éolienne ? », *lenergeek.com*, 25 juillet 2018.

2

Le paradoxe des émissions de carbone

L'effet délétère des éoliennes sur l'environnement ne se limite malheureusement pas à la question de la fabrication et de la conception des aérogénérateurs, en eux-mêmes étant déjà un argument de poids en faveur de l'arrêt de cette politique. Alors que l'objectif affiché du déploiement des éoliennes est de lutter contre les émissions de gaz à effet de serre, dont le CO_2 est le plus important, il contribue en réalité, au contraire, à les augmenter. Sur ce point aussi l'idée généreuse d'une électricité propre obtenue par un élément aussi naturel que le vent se heurte à la dure réalité des faits et des observations.

En effet, non seulement les éoliennes sont par leur construction même génératrices de gaz à effet de serre, mais l'intermittence du vent conduit de surcroît à la nécessité d'utiliser en appoint les centrales électriques au charbon ou au pétrole pour compenser les insuffisances de vent, aboutissant ainsi à l'inverse de l'effet recherché.

Lorsque certains hommes politiques ou ONG réclament l'installation d'éoliennes, ils s'appuient sur une série d'arguments rodés, construits sur l'exigence de sauver la planète. Simple – voire simpliste – mais très efficace, l'argument fait appel à une peur des populations, qui, si elle prend sa source dans des constantes anthropologiques, produit, à grande échelle et avec le renfort des médias, un double syllogisme qui se décline en cinq étapes :

1. il existe un réchauffement climatique qui peut avoir des conséquences gravissimes pour notre environnement ;
2. ce réchauffement climatique provient d'un excès d'émissions de gaz à effet de serre dont le principal est le carbone ;
3. pour lutter contre le réchauffement climatique et sauver la planète, il faut réduire nos émissions de carbone ;
4. l'électricité d'origine éolienne n'émet aucun carbone car l'électricité vient du vent et les gisements de vent sont naturels ;
5. il y a urgence à installer des éoliennes car elles permettent de sauver la planète.

Ces différentes étapes, une fois validées et mises en œuvre par l'adoption d'une politique publique orientée en ce sens, le piège de l'éolien est enclenché et toute réflexion rationnelle sur le sujet devient très difficile. C'est d'ailleurs sur ce mécanisme idéologique que se fonde l'ensemble de la politique énergétique d'un certain nombre de pays, passant par un matraquage systématique dans les médias, dans les débats politiques, et dans les programmes et les manuels scolaires, dont le contenu est le plus souvent très orienté et les mécanismes de fond très partiellement décrits. Aussi le sujet prend-il un contour dogmatique peu propice à un éclairage scientifique ou rationnel sans lequel toute réflexion sérieuse au sujet des éoliennes est vouée à l'échec.

Partons de l'idée, qui semble aujourd'hui faire consensus parmi les scientifiques, qu'il existe bien un changement climatique susceptible de modifier de manière considérable l'environnement, et qu'il faut lutter contre les émissions de carbone pour y faire obstacle. La question devient alors cruciale de savoir si les éoliennes permettent – comme les ONG et les promoteurs éoliens l'affirment à grand renfort de communication – de « sauver la planète » par une limitation des émissions de carbone dans l'atmosphère.

En partant du raisonnement selon lequel une éolienne fonctionne avec le vent et que l'électricité produite ne génère aucun rejet et en particulier de carbone ou de gaz à effet de serre, il est théoriquement vrai que l'activité d'une éolienne ne génère pas directement d'émission de carbone. C'est d'ailleurs ce que claironne par exemple la société italienne ENI sur son site internet :

> *Le vent est une ressource inépuisable. [...] La production d'électricité éolienne ne produit donc aucun gaz à effet de serre. De cette façon, la production électrique d'une éolienne participe à la démarche de réduction des émissions de gaz à effet de serre conduite par la France*[1].

Ces affirmations sont contestables car, dans leur communication, les promoteurs éoliens ou leurs partenaires occultent sciemment les émissions des gaz à effet de serre indirectes générées par les éoliennes dans le cadre de leur fabrication, de leur activité ou leur intermittence, sur laquelle nous reviendrons plus loin.

1. *fr.eni.com/particuliers/maitriser-sa-consommation/le-guide-de-l-electricite/l-electricite-eolienne-qu-est-ce-que-c-est*

Un très mauvais bilan carbone

En raisonnant sur un plan écologique, il n'est pas possible d'évoquer la question des éoliennes sans envisager leur bilan carbone. Celui-ci évalue les émissions de gaz à effet de serre qui vont être produites pour la construction d'une centrale éolienne et pendant toute son exploitation. À toutes les étapes, les éoliennes génèrent des émissions de CO_2, qu'il s'agisse : d'extraire les matières premières qui leur sont nécessaires, de façonner et fabriquer les éléments des éoliennes; de les transporter de Chine par porte-conteneurs, puis d'apporter au moyen d'immenses poids-lourds les différents composants sur site; de procéder à l'installation des éoliennes; de démanteler les aérogénérateurs; de nettoyer les sites et recycler les matières premières; etc.

Le bilan carbone est réalisé par une analyse du cycle de vie qui est une méthode (fixée par les normes ISO 14040 et 14044) d'évaluation des impacts environnementaux d'un service ou d'un produit au fil de son existence, de la conception jusqu'à la gestion de sa fin de vie[2]. En bref, il s'agit, selon l'ingénieur blogueur Kevan Saab, adepte de la vérification des informations et de leur authenticité, et auteur d'un article qui ambitionne d'étudier le véritable bilan carbone des éoliennes[3], « de calculer l'ensemble des impacts environnementaux d'un objet ou d'un processus, de sa conception jusqu'à sa fin de vie, généralement en matière de quantité de matériaux bruts ou d'énergie utilisés ou encore de gaz à effet de serre (GES) émis ».

---

2. *e-rse.net/sefinitions/deifnition-analyse-cycle-vie-acv-exemple/gs.zg3f1h*
3. Kevan Saab, « Éoliennes : quel est leur vrai bilan carbone ? », in *Contrepoint*, 16 février 2014, *contrepoints.org/2014/02/16/156807-eoliennes-quel-est-leur-vrai-bilan-carbone#fnref-156807-1*

Il se propose, à partir de données scientifiques, de mettre fin à certaines idées reçues, notamment à partir des travaux du professeur Crawford de l'université de Melbourne, connu pour être favorable à la transition énergétique. Son étude relative aux émissions de gaz à effet de serre et CO_2 générés dans le cycle de vie d'une éolienne[4] évalue les émissions de gaz à effet de serre à mille sept cent soixante-trois tonnes d'équivalent CO_2 pour une éolienne de huit cent cinquante kilowatts et à cinq mille cinq cent trente tonnes d'équivalent CO_2 pour une éolienne de trois mégawatts. En intégrant le fait qu'une éolienne ne fonctionne qu'une partie de son temps, Kevan Saab[5] calcule le bilan carbone à 59 g eqCO_2/kWh (équivalent CO_2 par kilowattheure) produits pour la première et à 52 g eqCO_2/kWh produits pour la seconde. Ainsi, les éoliennes sont-elles émettrices de gaz à effet de serre, pour leur fabrication, leur conception et leur installation. Il est donc faux de dire qu'elles sont parfaitement vertes.

À titre de comparaison, le bilan carbone des centrales nucléaires ou hydroélectriques est fixé à seulement 6 g CO_2eq/kWh[6]. Tandis que celui des sources d'électricité qui viennent en complément des éoliennes lorsqu'elles ne tournent pas est à 1060 g CO_2eq/kWh pour le charbon, 730 g CO_2eq/kWh pour le fioul ou encore 418 g CO_2eq/kWh pour le gaz[7] !

4. C. Crawford, « Life cycle energy and greenhouse emissions analysis of wind turbines and the effect of size on energy yield », *Renewable and Sustainable Energy Reviews*, n° 113, p. 2653-2660, 2009.

5. Voir *supra*.

6. « Quel bilan carbone des sources de production d'électricité en France ? », in *Réseau Durable*, 14 juin 2016, ou *sfen.org/rgn/confusion-chiffres-emissions-co2-nucleaire*

7. *Ibid.*

En outre, le taux de retour énergétique[8] des éoliennes est d'environ vingt pour un. Cela signifie qu'il faut environ un an d'activité à l'éolienne pour produire l'électricité nécessaire à sa fabrication, sur vingt ans de production électrique. Ramené à sa durée de vie, une année entière est donc consacrée uniquement à produire l'électricité nécessaire à la construction de l'aérogénérateur.

Avant même qu'une installation éolienne ait vu le jour et ait été installée dans les campagnes mondiales, elle a donc exigé une production d'énergie et une émission de gaz à effet de serre préjudiciable à la nature, ce qui met à mal le préjugé de neutralité de l'éolienne en matière de pollution, et plus encore son effet bénéfique sur l'environnement et le climat, ne serait-ce qu'en matière de bilan carbone.

Le changement climatique par les éoliennes

L'image de marque de l'éolienne est très sérieusement écornée par les études scientifiques et les comptes rendus des émissions de carbone, liées cette fois-ci à l'activité des éoliennes et non plus seulement liées à leur fabrication et installation.

Une étude scientifique américaine récente a ainsi démontré que les éoliennes contribuaient dans leur fonctionnement au changement climatique. Les chercheurs Lee Miller et David Keith, professeurs d'ingénierie à l'université d'Harvard, ont réalisé une recherche sur les impacts environnementaux de l'activité des éoliennes. Leur résultat a été publié dans la revue scientifique américaine *Joule* à l'occasion d'un article

8. *energie-developpement.blogspot.com/2012/10/EROEI-taux-retour-energetique.html*

intitulé « Impacts climatiques de l'énergie éolienne ». Ces travaux ont un grand retentissement dans la presse scientifique[9]. Les chercheurs ont ainsi pu calculer qu'alimenter l'ensemble des États-Unis en électricité d'origine éolienne aurait pour conséquence un réchauffement de la température au sol de 0,54 degré dans les régions recouvertes d'éoliennes, et de 0,24 degré sur le continent nord-américain. Ils soulignent par ailleurs que déjà dix études antérieures avaient mis en relief un réchauffement local par les centrales éoliennes aux États-Unis.

Dans l'introduction de leur étude, les scientifiques précisent :

> *Les éoliennes produisent de l'électricité en extrayant de l'énergie cinétique, ce qui ralentit les vents et modifie l'échange de chaleur, d'humidité et de quantité de mouvement entre la surface et l'atmosphère. Les observations montrent que les éoliennes modifient localement le climat. Par ailleurs, les modèles montrent des modifications climatiques de l'échelle locale à mondiale, dans le cadre de l'exploitation à grande échelle de l'énergie éolienne*[10].

Mais là ne s'arrêtent pas les effets délétères de l'énergie éolienne. En effet, dans la mesure où les éoliennes ne fonctionnent pas en permanence et sont parfois à l'arrêt,

---

9. « Les éoliennes aussi contribuent au réchauffement à la surface de la Terre », in *Sciences et Avenir* avec AFP, 6 octobre 2018 ; ou Rédaction, « Comment les éoliennes contribuent au réchauffement climatique », in *Paris Match Belgique*, 7 octobre 2018.

10. Lee M. Miller, David W. Keith, « Climatic Impacts of Wind Power », in *Joule*, Volume 2, Issue 12, 19 décembre 2018, p. 2618-2632. Traduit de l'américain par l'auteur.

il est nécessaire de s'appuyer sur un système électrique en capacité de prendre le relais dans ces circonstances, ce qui a d'énormes conséquences en matière d'émission carbone, relativisant de fait très largement le bénéfice de l'énergie cinétique.

Une énergie intermittente aux effets néfastes

L'électricité d'origine éolienne n'est pas continue et s'avère particulièrement instable. Elle a donc deux défauts majeurs : d'une part, elle peut être totalement à l'arrêt en l'absence de vent[11], et d'autre part, s'il souffle, la puissance électrique produite peut fluctuer en fonction de la force de celui-ci. En outre, si l'on mesure trop de vent, les éoliennes sont mises à l'arrêt par les exploitants pour éviter les accidents. Cette intermittence est pour l'éolien un défaut majeur.

Pour avoir une idée précise de cette intermittence, les professionnels utilisent une notion qui s'appelle le facteur de charge. Le facteur de charge d'une unité de production électrique est le ratio entre l'énergie qu'elle produit sur une période donnée et l'énergie qu'elle aurait produite durant cette période si elle avait constamment fonctionné à puissance nominale, c'est-à-dire la puissance la plus élevée qu'une unité de production peut délivrer. En réalité, il s'agit d'évaluer le rapport entre la quantité d'électricité produite par les éoliennes sur une année et la production maximale qu'auraient dû théoriquement effectuer ces éoliennes si elles avaient fonctionné en permanence toute l'année.

11. Par Frédéric de MONICAULT, « Le jour où les éoliennes se sont arrêtées de fonctionner », in *Le Figaro*, 16 mars 2012.

Le facteur de charge du parc éolien français se situe aux alentours de 22 % (21,6 % en 2017[12]) pour les éoliennes sur terre. Cela signifie que les éoliennes ne produisent en France que 22 % de leur capacité maximale de production. Le chiffre est très faible, et sensiblement équivalent aux chiffres constatés dans les pays européens, comme en Belgique, en Suisse ou en Allemagne, où les taux de charge se rapprochent globalement de 20 %.

Par ailleurs, une étude importante de Gordon Hughes, professeur d'économie de l'université d'Édimbourg a montré que le facteur de charge des éoliennes chutait avec l'usure due au temps. Il a ainsi pu établir qu'en Grande-Bretagne, le facteur de charge normalisé pour les parcs éoliens terrestres diminuait après avoir atteint un pic d'environ 24 % à un an à 15 % à dix ans et 11 % à quinze ans[13]. Cela signifie de surcroît qu'une centrale éolienne vieillissante produit encore moins d'électricité, accentuant encore plus l'effet négatif de l'intermittence du vent. En comparaison, le facteur de charge de l'électricité d'origine nucléaire se situe entre 75 et 80 % et celui de l'électricité d'origine photovoltaïque approche à peine 15 %[14].

Cette intermittence – conséquence de la nature capricieuse du vent – contraint EDF à faire fonctionner corrélativement des usines au gaz ou au pétrole pour compenser l'absence d'électricité dans le réseau électrique en cas d'arrêt des aérogénérateurs. Les éoliennes sont

12. *bilan-electrique-2017.rte-france.com/production/23-eolien/232-la-production-eolienne/la-production-eolienne-en-detail/le-facteur-de-charge-eolien-mensuel*
13. Pr. Gordon Hughes, « The Performance of Wind Farms in the United Kingdom and Denmark », the Renewable Energy Foundation, 2012.
14. « Qu'est-ce que le facteur de charge d'une unité de production électrique ? », in *Connaissance des énergies*, 11 août 2016.

donc nécessairement couplées dans leur fonctionnement avec des usines électriques utilisant des énergies fossiles. En Allemagne, ce sont des usines au charbon (lignite) qui assurent ce rôle de suppléant aux éoliennes lorsque celles-ci ne tournent pas. Dans le cas français, les centrales nucléaires ne peuvent pas jouer ce rôle de régulateur. De fait, elles « ne peuvent pas être arrêtées et mises en route “à la demande” sur des créneaux de quelques heures », nous précise sur son blogue le polytechnicien Jean-Marc Jancovici[15], éminent spécialiste de l'énergie.

Or ces usines thermiques, obligatoirement couplées aux éoliennes et fonctionnant au gaz, au charbon ou au pétrole, sont en toute logique fortement émettrices de gaz à effet de serre carbonés en particulier. D'où le fait qu'elles aient un bilan carbone important comme nous l'avons précisé précédemment. Aussi, plus un pays développe sa politique éolienne, plus il doit augmenter une capacité de production électrique fondée sur les énergies fossiles. Les pays développant les éoliennes restent donc totalement dépendants de ces énergies fossiles fortement émettrices de gaz à effet de serre. Dans ses différentes interventions à l'Assemblé nationale ou sur son blogue, le même Jean-Marc Jancovici confirme sans ambiguïté qu'« en France, un plan massif d'éolien raccordé au réseau signifierait donc, dans les faits, une augmentation des émissions de gaz à effet de serre[16] ».

L'impact majeur des émissions de gaz à effet de serre en raison du développement de l'éolien est dénoncé depuis de nombreuses années par des autorités officielles. En 2012, l'ambassade de France en Grande-Bretagne fait largement écho sur son site au rapport publié par Ruth

15. *jancovici.com/transition-energetique/renouvelables/pourrait-on-alimenter-la-france-en-electricite-uniquement-avec-de-leolien*
16. *Ibid.*

Léa pour le *think tank* anglais Civitas, informations largement reprises sur le blog du *Monde* sur l'écologie[17] ou dans la presse professionnelle[18].

Un rapport qui jette le trouble sur l'éolien

> *Civitas, un think-tank britannique, a publié début janvier une étude qui jette un pavé dans la mare, jusque-là limpide, de l'énergie éolienne comme le meilleur moyen pour réduire les émissions de GES. L'éolien ne serait pas aussi vert et renouvelable que ses défenseurs le clament. En fait, d'après cette étude menée par l'économiste Ruth Lea, l'éolien serait "cher et inefficace" en termes de réduction des émissions de GES (par rapport au gaz ou au nucléaire). De plus, en cas de manque de vent, les éoliennes requièrent des capacités de production de* "back-up" *(réserve), qui doivent être rapidement mobilisables et qui émettent des GES (centrales à gaz ou au charbon)*[19].

Ces constats se traduisent dans les faits. Un article d'*Actu-Environnement*[20] précise qu'« en 2017, la France a émis 20 % de plus de carbone pour produire son électricité » relevant le paradoxe que « les émissions de CO_2 continuent d'augmenter malgré le développement des énergies renouvelables ». Force est donc de constater

17. Audrey Garric, « Les éoliennes accroissent-elles les émissions de CO_2 ? », in *ecologie.blog.lemonde.fr*, 10 janvier 2012.
18. Astrid Gouzik, « Les éoliennes augmenteraient les émissions de CO_2 », in *L'Usine nouvelle*, 11 janvier 2012.
19. *uk.ambafrance.org/Des-nouvelles-contradictoires-sur*
20. Florence Roussel, « En 2017, la France a émis 20 % de plus de carbone pour produire son électricité », in *Actu-Environnement*, 15 février 2018, *www.actu-environnement.com/ae/news/infographie-electricite-france-emissions-carbone-30672.php*

que ce mécanisme entraîne l'effet inverse de celui affiché par la politique de généralisation du modèle d'énergie éolienne. L'article reprend le bilan d'activité 2017 de la société RTE, chargée du transport de l'électricité en France qui précise :

> *Pour la troisième année consécutive les émissions de CO2 repartent à la hausse. La diminution de la production nucléaire et de la production hydraulique ainsi que les épisodes de froid ont nécessité un recours important au moyen de production thermique fossile*[21].

Dans la mesure où la France est l'un des pays le plus décarboné au monde avec 90 % d'électricité sans émission de gaz à effet de serre[22], la politique actuelle consiste à remplacer une électricité presque entièrement décarbonée par une électricité intermittente qui doit être couplée avec de l'électricité d'origine fossile émettrice de gaz à effet de serre. Du reste, les trois années consécutives évoquées dans le rapport de RTE correspondent également à la montée en puissance des éoliennes installées entre 2014 et 2017[23], période de libéralisation massive de cette source d'électricité. Dès lors, on en arrive au paradoxe incroyable que le développement de la production des centrales éoliennes s'accompagne obligatoirement et nécessairement de l'essor de l'électricité d'origine fossile particulièrement polluante, accentuant ainsi les émissions de carbone de la France.

---

21. *bilan-electrique-2017.rte-france.com*

22. Sur cet aspect, « Grâce à l'énergie nucléaire, la France est le pays le plus décarboné des sept plus grands pays industrialisés (G7) », in *Revue générale du nucléaire*, 9 octobre 2018.

23. *www.ecologique-solidaire.gouv.fr/eolien-terrestre#e1*

Par ailleurs, à cause du développement de sa politique intensive d'installation d'éoliennes et de l'arrêt de ses centrales nucléaires, l'Allemagne produit à ce jour pour son électricité dix fois plus de CO_2 que la France par kilowattheure produit[24], alors que la part des énergies renouvelables dans la production électrique en Allemagne était en 2015 de 34 %[25], incohérence dénoncée par de nombreux ingénieurs et spécialistes[26].

La France, qui est un des meilleurs élèves au monde en termes d'émission de carbone[27] au titre de sa production d'électricité et qui n'a aucune leçon à recevoir d'un des pays les plus pollueurs au monde, se trouve donc contrainte par une politique de transition écologique largement influencée par les lobbyistes de l'*Energiewende* allemande (voir chapitre 8), à mettre en œuvre des outils et des processus contradictoires à ces intérêts, et qui conduisent paradoxalement aux conséquences qu'elle entend éviter.

Pourquoi la France prendrait-elle comme modèle de production d'électricité un des pays les plus mauvais élèves au monde en termes d'émissions de gaz à effet de serre ? L'Allemagne prétend imposer, par son lobbying intensif, un modèle infondé, modèle qui ne fait pas chuter des émissions de gaz à effet de serre de façon notable ; modèle qui, au contraire, contraint à multiplier

24. Julien Baldacchino, « L'Allemagne émet-elle vraiment dix fois plus de gaz à effet de serre que la France ? », France Inter, 27 novembre 2018, *franceinter.fr/environnement/l-allemagne-emet-elle-vraiment-dix-fois-plus-de-gaz-a-effet-de-serre-que-la-france*

25. Dossier Observatoire de l'industrie électrique (OIE), « Comparaison des situations énergétiques de la France et de l'Allemagne », juin 2016.

26. Jean-Pierre Bardinet, ingénieur ENSEM, Nancy, « Éolien, CO_2 : une politique énergétique absurde », in *Le Monde de l'Énergie*, 12 avril 2018, *https://www.lemondedelenergie.com/eolien-co2-politique-energetique-absurde-tribune/2018/04/12*

27. *electricitymap.org*

des usines thermiques. En effet, il est incontestable que les cent quarante centrales tournant au lignite qui fonctionnent chez notre voisin germanique, notamment en compensation de l'intermittence des éoliennes, produisent une très forte pollution, et émettent beaucoup de CO_2. Le site environnemental de l'ONU dévoile ainsi qu'en Allemagne :

> *La mine de lignite actuelle, ainsi que deux autres mines, alimentent plusieurs des centrales au charbon les plus polluantes au monde, propriété de RWE. En 2016, les trois plus grandes usines, datant des années 1960 et 1970, ont émis environ 75 millions de tonnes de dioxyde de carbone, soit 8,25 % des émissions totales de l'Allemagne, à savoir 909 millions de tonnes*[28].

Ce constat est d'autant plus grave que les usines au charbon fonctionnant en Allemagne ont des conséquences environnementales désastreuses dans les autres pays d'Europe à cause des vents d'est, en particulier vers la France[29,30]. Elles contribuent donc au développement d'une pollution que la politique de transition écologique entend justement endiguer[31].

---

28. *unenvironment.org/fr/news-and-stories/recit/foret-ou-charbon-lheure-du-choix-pour-lallemagne*
29. « Europe's dark cloud : how coal-burning countries are making their neighbours sick », Rapport de WWF, l'Alliance pour la santé et environnement (HEAL), le Réseau action climat Europe (CAN Europe) et Sandbag, juillet 2016
30. Jacques Foos, professeur émérite au CNAM, « Pollution française et lignite allemand », 23 avril 2015, in *Revue générale du nucléaire, http://www.sfen.org/rgn/pollution-francaise-lignite-allemand*
31. Anne-Laure Barral, « La France polluée par les centrales à charbon de ses voisins », in FranceInfo, 5 juillet 2016, *francetvinfo.fr/monde/environnement/la-france-polluee-par-les-centrales-a-charbon-de-ses-voisins_1720083.html*

Dans ces conditions, il est peu surprenant de constater que les lobbys allemands ont largement infiltré des structures étatiques françaises. Cette influence se traduit notamment par l'installation en France d'un Office franco-allemand pour la transition énergétique (OFATE[32]).

Lors d'une question orale au Sénat à l'attention du ministre de la Transition écologique et solidaire, François de Rugy, la sénatrice Anne-Catherine Loisier a dénoncé cet organisme de lobbying et a mis en lumière le fait que les industriels allemands pourraient avoir grand intérêt au développement des éoliennes sur notre territoire afin d'accentuer le développement et la compétitivité des usines au charbon allemand, contribuant ainsi à une quantité encore plus importante de gaz à effet de serre :

> *Le rapport franco-allemand de l'agora* Energiewende *et de l'Institut du développement durable et des relations internationales ("L'*Energiewende *et la transition énergétique à l'horizon 2030") indique que "[...] si des capacités nucléaires sont retirées du mix français, la compétitivité des centrales à charbon maintenues dans le système en Allemagne est améliorée." L'Allemagne aurait donc doublement intérêt à ce que la France renforce ses capacités de production d'énergie éolienne car elle compte de nombreuses entreprises dans ce secteur et que la baisse des capacités nucléaires françaises rendrait plus compétitives les centrales à charbon et donc leur maintien en Allemagne*[33].

32. *energie-fr-de.eu/fr/accueil.html*
33. Question orale n° 0689S d'Anne-Catherine Loisier (sénatrice de Côte-d'Or – UC), *JO* Sénat, 14 mars 2019, p. 1347.

Il apparaît, après enquête, que les éoliennes sont radicalement incompatibles au stade actuel avec une logique authentiquement écologique, et leur multiplication hautement nuisible à l'environnement par les émissions de gaz à effet de serre qu'elles contribuent à diffuser dans la nature. En outre, les données actuelles en matière d'effets sur la santé publique accentuent encore plus l'inquiétude face à une politique publique bénéficiant d'un tel déploiement de moyens destiné à interdire tout discours alternatif audible.

Les éoliennes sont donc installées sur la base de mensonges qu'il convient de dénoncer avec détermination. Mais le plus grave est que ces dernières ne sont pas sans conséquences sur la santé humaine et animale. Encore une fois, tout est fait pour occulter les graves impacts sur les humains et la biodiversité, victimes avérées de ces machines industrielles.

3

Les infrasons ou le scandale du « vent contaminé »

Dans un article humoristiquement intitulé « J'ai campé au pied d'une éolienne géante (et j'ai dormi comme un bébé)[1] », publié en 2012 par le *Nouvel Observateur*, Antoine Sachs tourne en dérision les riverains se plaignant des effets nocifs des aérogénérateurs. Sous couvert d'une balade à bicyclette électrique, le journaliste propose une analyse décontractée qui balaie d'un revers de main les inquiétudes au sujet des conséquences sur la santé qui s'expriment aujourd'hui dans un grand nombre de pays. Le ton désinvolte de l'article, au fond très méprisant pour les populations touchées, apparaît en complet décalage avec l'abondante documentation qui démontre depuis plus de trente ans la véracité de ces effets nocifs.

On l'a souligné, l'implantation d'éoliennes sur un territoire donné provoque de gros dégâts environnementaux,

1. Antoine Sachs, « J'ai campé au pied d'une éolienne géante (et j'ai dormi comme un bébé) », in *Le Nouvel Observateur/Rue89*, 27 septembre 2012.

qu'ils soient indirects, du fait des étapes de fabrication, ou directs, du fait de leur fonctionnement. Cependant, ces premières atteintes à la nature et à l'environnement ne doivent en aucun cas occulter d'autres effets, en termes de santé, subis par les habitants qui vivent depuis plusieurs années à proximité d'éoliennes.

Nous l'avons évoqué : dans le cadre de l'extraction de matières premières, les terres rares, la fabrication des éoliennes peut conduire à des atteintes graves pour la santé des habitants vivant à proximité des mines, se traduisant par l'émergence de leucémies[2], pour ne prendre qu'un exemple dont la gravité invite à reconsidérer l'effet vertueux de cette énergie largement louée comme verte. Mais au-delà de ces situations, les éoliennes elles-mêmes ont un effet néfaste sur la santé humaine, la forte proximité constituant un facteur aggravant.

En France, la distance limite pour l'installation d'éoliennes est fixée à un minimum de cinq cents mètres des habitations, alors qu'aux États-Unis la distance minimale est de deux mille mètres, et qu'au Danemark ou en Grande-Bretagne elle est fixée à quatre fois la hauteur des mâts.

Désormais, une vingtaine d'années de recul sur ce sujet permet de tenir pour avéré le fait que le fonctionnement des éoliennes dans les campagnes s'accompagne de graves problèmes pour la santé des habitants, et ce, en dépit de la désinformation constamment entretenue sur cette question par les promoteurs éoliens[3]. Ainsi, un article du mensuel français *Capital* promet-il sur le sujet

2. Voir *supra*, chapitre 1 : « Des terres rares aux enjeux environnementaux considérables ».

3. *https://fee.asso.fr/comprendre/desintox/eolien-et-sante*

« un véritable scandale sanitaire[4] ». Il relève, en 2015, qu'un nombre important de témoignages de riverains d'éoliennes ont été envoyés au ministère de l'Écologie, tandis qu'une multiplication des plaintes fait état de « bruits lancinants » ou de nuisances de nature variée. Le magazine retient notamment celle d'un habitant d'un village du sud de la France, en Midi-Pyrénées dont le domicile est entouré depuis six ans par onze éoliennes installées à environ quatre cents mètres :

> *[L]e matin, quand le soleil se lève, l'ombre des pales en mouvement provoque des effets stroboscopiques[5] qui me donnent des nausées. Sans compter le bruit insupportable, les jours de vent, donnant l'impression d'être au bord d'une autoroute[6].*

Son médecin a diagnostiqué « un état anxio-dépressif continu [...] réactivé quotidiennement par les bruits et les différents jeux d'ombre et de lumière projetés sur sa maison par les pales du parc éolien ».

L'émergence mondiale du « syndrome éolien »

Loin d'être isolé, ce cas s'ajoute aux nombreux témoignages de riverains d'éoliennes et aux études sérieuses qui viennent confirmer qu'il existe à l'échelle internationale un « syndrome éolien » aux lourdes conséquences.

4. Guillaume Chazouillères, « Nausées, troubles du sommeil, dépression... des témoignages de riverains s'élèvent contre les éoliennes ! », in *Capital*, 26 juin 2015.
5. L'effet stroboscopique des éoliennes est dû aux jeux d'ombres réguliers créés par les pales tournant devant le soleil.
6. Guillaume Chazouillères, *op. cit.*

Ce « syndrome éolien » a été particulièrement étudié par le docteur Nina Pierpont – médecin américain diplômé de l'université de Princeton – dans une étude qu'elle a réalisée et publiée en 2009[7]. Dans son ouvrage, elle étudie les impacts de l'installation d'éoliennes sur la santé de familles vivant à proximité et a établi une liste des symptômes susceptibles d'intervenir après leur mise en fonctionnement. S'y trouve entre autres l'irritabilité, les problèmes de concentration et de mémoire, les perturbations et privations de sommeil, les paniques passagères associées aux sensations de mouvement ou de palpitation à l'intérieur du corps qui surviennent pendant l'éveil ou le sommeil, les maux de tête, les acouphènes, les sensations d'augmentation de la pression à l'intérieur de l'oreille, les étourdissements, les vertiges, les nausées, les troubles de la vue, la tachycardie. On peut y ajouter des problèmes endocriniens et cardio-vasculaires, si bien que pas moins de deux cents pathologies ont été ainsi référencées.

Toutes ces expressions de mal-être documentées dans le cadre d'études scientifiques indépendantes correspondent aux multiples témoignages communiqués en 2016 à l'initiative de la Fédération environnement durable[8] à l'ANSES (Agence nationale de sécurité sanitaire) dans le cadre de son étude sur le sujet en France[9]. Le « syndrome éolien » est à présent un

7. Nina Pierpont, *Wind Turbine Syndrome, A Report on a Natural Experiment*, K-Selected Books, 2009.

8. Rapport de la Fédération environnement durable, « Éolien et santé. Bruit et infrasons. Témoignages, études et avis scientifiques et médicaux ». Audition de Michel Broncard, André Posokhow, Patrick Dugast, Hervé Texier, de la FED, par l'ANSES du 8 mars 2016.

9. Collectif, *Évaluation des effets sanitaires des basses fréquences sonores et infrasons dus aux parcs éoliens*, Avis de l'Anses, Édition scientifique, mars 2017.

important problème sanitaire mondial, confirmé par de nombreuses études qui soulignent pour la plupart les conséquences des infrasons produits par les éoliennes sur la santé humaine. Les infrasons, ondes sonores de basses fréquences, restent en effet imperceptibles à l'oreille humaine mais constituent une gêne pour les hommes et les animaux, en particulier dans le cas d'une exposition prolongée, à tel point que certains États ont étudié ou étudient encore aujourd'hui leur utilisation comme arme de guerre offensive[10].

Depuis le début des années quatre-vingt, les infrasons ont fait l'objet d'études scientifiques approfondies réalisées par des médecins et la NASA, qui démontrent la nocivité pour la santé humaine des infrasons de manière générale et dans le domaine éolien en particulier[11]. La fondation australienne Waubra, créée en 2010 et dont l'expertise dans le domaine des dommages causés par les infrasons des éoliennes est reconnue, alerte sur les conséquences médicales majeures des émissions de sons ou d'infrasons, et dénonce publiquement leurs effets néfastes en 2013 par la voix de sa directrice, Sarah Laurie. Ancien médecin de campagne généraliste en Australie, elle dressa – lors d'une intervention dans le cadre de la conférence sur les Droits de l'homme de Falmouth aux États-Unis – un panorama désastreux, soulignant que cette question a été portée depuis très longtemps à la connaissance des autorités :

10. Ian McLoughlin, « Weaponising sound : are countries using intrusive audio surveillance ? », in *The Independent*, 6 juin 2018.

11. Dr Neil Kelly, « A proposed metric for assessing the potential of community annoyance from wind turbine low-frequency noise emissions », Solar Energy Research Institute, Colorado, 1987.

> *Ainsi, ce que nous voyons actuellement dans ces rapports mondiaux soulignant des détériorations graves de la santé physique et mentale [en raison des éoliennes] conduisant à une privation de sommeil et des abandons de maison dans le monde peut sembler avoir été « des conséquences imprévues », mais elles étaient connues de certaines personnes clés il y a près de trente ans, en particulier par le département américain de l'Énergie, la NASA et les nombreuses universités impliquées dans cette vaste recherche sur le terrain*[12].

Il est nécessaire de préciser que ce sont les infrasons (non audibles) des éoliennes qui causent des problèmes de santé, encore plus que les sons (audibles) qui constituent déjà des nuisances non négligeables. Les promoteurs éoliens mettent en avant régulièrement dans leur communication leur respect de la législation sur le bruit audible, rappelant que le bruit des pales et des éoliennes est inférieur au seuil généralement admis, et occultant totalement le problème des infrasons qui n'en sont pas moins extrêmement dangereux.

Le « syndrome éolien » n'est pas évoqué seulement par les scientifiques : certains États aussi émettent des alertes sur le sujet. Dans le Wisconsin, aux États-Unis, la Commission du service public[13] a commandé en mars 2010 une étude sur l'impact des éoliennes sur

---

12. Sarah Laurie, « Wind Turbine Noise, Adverse Health Effects and Professional Ethics », Sarah Laurie's Address for the Human Rights Conference, Falmouth USA, octobre 2013, *waubrafoundation.org.au/wp-content/uploads/2013/10/LaurieS-9-Oct13-Address-Falmouth-Human-Rights-Conference.pdf*. Traduction de l'auteur.
13. *co.brown.wi.us/i/f/county_board/1_pubservcomm.pdf*

la santé après une plainte de trois familles de Shirley, dans le comté de Brown[14]. Deux des familles plaignantes avaient même été contraintes de quitter leurs logements, conduisant les autorités officielles à demander une assistance financière pour assurer la relocalisation des familles souffrant des troubles liés aux éoliennes[15]. Quatre cabinets d'experts acoustiques furent mandatés pour réaliser un rapport d'enquête sur l'impact des éoliennes sur la santé des concernés. Ceux-ci ont conclu « qu'il y a suffisamment de preuves pour classer les basses fréquences et infrasons éoliens comme un problème grave pouvant affecter l'avenir de la filière ». Cette conclusion a poussé l'autorité sanitaire du comté de Brown à déclarer à l'unanimité les éoliennes comme « danger pour la santé humaine » le 14 octobre 2014[16].

Le sujet n'était clairement pas inconnu aux États-Unis. Dès 2009, le département de la Santé du Minnesota avait synthétisé différentes études réalisées aux États-Unis sur l'impact des éoliennes sur la santé humaine[17]. Lors d'un congrès sur le thème du bruit des éoliennes en août 2013 à Denver, Paul Schomer, l'un des acousticiens ayant participé au rapport du cas du comté de Brown, a mis en lumière le mécanisme conduisant les fréquences éoliennes inférieures à un hertz à agir sur

---

14. Jean-Pierre Riou, « Les éoliennes reconnues dangereuses pour la santé humaine », in *www.economiematin.com*, 14 août 2016.

15. Brown County board of health resolution requesting emergency state aid for families suffering around industrial wind turbines. Rowe, MA : National Wind Watch ; 2012. Voir *http://docs.wind-watch.org/Brown%20County%20Board%20of%20Health%20Resolution%20011012.pdf.*

16. *http://bccrwe.com/index.php/8-news/16-duke-energy-s-shirley-wind-declared-human-health-hazard*

17. Minnesota Department of Health, Public health impacts of wind turbines. St Paul, MN : Minnesota Department of Health ; 2009. *www.health.state.mn.us/divs/eh/hazardous/topics/windturbines.pdf.*

l'oreille interne (entraînant nausées, vertiges, migraines et pression dans les oreilles et la poitrine, tels que décrits par les riverains). Un mécanisme proche de celui que l'on connaît sur le mal des transports, étudié pour les pilotes de l'US Navy[18].

Dans un article de 2011 pour le *Bulletin of Science, Technology & Society*, le consultant en épidémiologie Carl V. Phillips écrit pour introduire son propos :

> *Il existe des preuves accablantes que les éoliennes causent de graves problèmes de santé chez les résidents à proximité, généralement des maladies de type troubles du stress, à un rythme non négligeable. La majeure partie de la preuve prend la forme de milliers de déclarations d'événements indésirables. Il existe également une petite quantité de données systématiquement rassemblées. Les rapports d'événements indésirables fournissent des preuves convaincantes de la gravité des problèmes et du lien de causalité dans ce cas en raison de leur volume, de la facilité à observer l'exposition et de l'incidence des résultats*[19].

Au-delà des États Unis, en 2013, le collège des médecins de famille du Canada a diffusé un article alertant sur les problèmes de santé liés à la proximité de

18. 5th International Conference on Wind Turbine Noise, Denver, 28-30 août 2013. Rapport *https://docs.wind-watch.org/Schomer-et-al-physiologic-effects-infrasound-wind.pdf*

19. Carl V. Phillips, « Properly Interpreting the Epidemiologic Evidence About the Health Effects of Industrial Wind Turbines on Nearby Residents », in *Bulletin of Science, Technology & Society*, 19 juillet 2011. Traduction de l'auteur.

centrales éoliennes. Le constat des trois auteurs est sans appel :

> *Les personnes qui vivent ou travaillent à proximité des éoliennes ont éprouvé des symptômes, y compris une moins bonne qualité de vie, de l'inconfort, du stress, des troubles du sommeil, des maux de tête, de l'anxiété, de la dépression et une dysfonction cognitive. Certaines ont aussi ressenti de la colère, de la détresse ou un sentiment d'injustice. Parmi les causes suggérées, on peut mentionner une combinaison de bruits provenant des éoliennes, d'infrasons, d'électricité sale, de courant tellurique et d'effet stroboscopique. Les médecins de famille devraient être conscients que les patients qui signalent des effets indésirables des éoliennes peuvent éprouver des symptômes qui sont intenses et envahissants*[20].

En décembre 2014, le Sénat australien a mis en place une commission spéciale sur les éoliennes après avoir auditionné un nombre important de professionnels et de riverains concernés. Dans son rapport de conclusion, la commission spéciale rappelle la nécessité d'enquêter plus en profondeur sur les impacts des infrasons sur la santé humaine. Elle précise en outre :

> *Cette commission a recueilli des témoignages de nombreux auteurs qui attribuent les symptômes de vertiges, nausées, migraines, hypertension artérielle, acouphènes, privation chronique de sommeil et dépression à proximité d'éoliennes en fonctionnement.*

20. Roy D. Jeffery, Carmen Krogh et Brett Horner, « Effets indésirables sur la santé des éoliennes industrielles », in *Canadian Family Physician*, mai 2013. Traduit par l'auteur.

> *La commission invite le public à lire et à examiner les preuves de personnes qui ont vécu ces symptômes et qui attribuent leur anxiété et leurs problèmes de santé à l'exploitation de turbines*[21].

Réunis en congrès annuel à Francfort en mai 2015[22], les médecins allemands, quant à eux, ont émis dans leur rapport une alerte sur le sujet de l'éolien et des infrasons en soulignant l'impact grave que pouvaient avoir ces derniers sur la santé des riverains. Ils mentionnent ainsi que les effets négatifs des éoliennes peuvent intervenir même à des fréquences inférieures à un hertz et qu'ils existent même en l'absence de rotation des pales par la seule action des vibrations générées par le mât. Le rapport ajoute que les effets des infrasons peuvent se propager jusqu'à dix kilomètres du lieu d'implantation[23]. Les médecins allemands ont même été plus loin encore en demandant lors de leur congrès l'arrêt de la politique éolienne en raison de sa nocivité pour la santé humaine. Il est intéressant de noter que cette alerte a été émise par les médecins d'un pays fer de lance dans l'installation d'éoliennes. Cela signifie bien qu'ils prennent acte, de manière indépendante, que l'éolien a des conséquences importantes sur la santé humaine et ceci malgré la volonté du gouvernement de les multiplier.

Ces alertes sur les infrasons ont été largement confirmées par des études récentes réalisées en Allemagne

---

21. Paragraphe 1.12, Rapport de la commission spéciale sur l'éolien du Sénat australien, 18 juin 2015, *stopthesethings.com $ 2019/05/07/far-out-german-stuyd-finds-pulsing-wind-famr-infrasound-20-kilometres-from-turbines/*
22. *https://www.bundesaerztekammer.de/fileadmin/user_upload/downloads/pdf Ordner/118._DAET/118DAETBeschlussprotokoll20150515.pdf*
23. Jean-Pierre Riou, « Les médecins allemands incitent à arrêter totalement l'éolien », in *Économie Matin*, 25 juillet 2016.

par l'Institut Plank, mais aussi en Suède et en Finlande, qui, toutes, concluent au danger des infrasons émis par les éoliennes sur la santé humaine dans un large rayon, le portant même à vingt kilomètres[24]. Le docteur Wolfgang Müller, biologiste allemand, a publié un livre[25] sur les mécanismes techniques qui conduisent aux problèmes médicaux. Il y précise :

> *Il existe des mécanismes moléculaires par lesquels les cellules du corps détectent les forces mécaniques et déclenchent des processus biochimiques dans les cellules. Les infrasons des éoliennes appartiennent à de telles forces mécaniques. Parce qu'ils ne sont rien d'autre que des fluctuations de la pression atmosphérique. Le corps réagit de manière extrêmement sensible à de tels événements de pression – sans que nous le remarquions directement*[26].

Il s'agit donc ici d'études et d'alertes réitérées, constantes dans leurs conclusions et réalisées sur plusieurs continents. Ces travaux n'ont que peu d'écho dans le milieu médical français qui reste prudent même s'il faut reconnaître une légère prise en compte récente du problème. Comme souvent, cette prudence, probablement influencée par la politique gouvernementale, conduit inéluctablement à une déconsidération et une minimisation du phénomène observé et voué

24. *stopthesethings.com/2019/05/07/far-out-german-study-finds-pulsing-wind-farm-infrasound-20-kilometres-from-turbines.*

25. Dr Wolfgang Müller, *Krankmacher Windkraftanlagen ?*, Neusatz Verlag, Stuttgart, juillet 2019.

26. Holger Douglas, « Windkraft-Kritik aus RangendingenBiologe sieht Windräder als Krankmacher », in *SüdwestPress*, 20 juillet 2019.

à se propager au fur et à mesure de la construction de nouvelles éoliennes.

Aussi la communauté médicale française, représentée par l'Académie de médecine, s'est-elle manifestement alignée sur la théorie d'un « syndrome éolien » qui serait la conséquence d'un trouble psychosocial. Ces symptômes reconnus par une multitude d'experts étrangers ne seraient, pour les hautes autorités de la médecine française, que la conséquence d'un prétendu trouble psychosomatique, appelé « effet *nocebo* ».

L'effet *nocebo*, réponse des médecins pro-éoliens

L'Académie nationale de médecine avait lancé des recommandations en France sur le sujet dans le cadre d'un rapport publié en mars 2006[27]. Au terme de ce rapport, elle faisait plusieurs propositions : éloigner les éoliennes à mille cinq cents mètres des habitations pour celles de plus de deux mégawatts et demi, réaliser une indispensable enquête épidémiologique sur les conséquences sanitaires éventuelles du bruit sur les populations, corrélées avec la distance d'implantation de ces engins. Ce rapport amorçait la mise en lumière de ce problème de santé publique en France. Cependant les recommandations ne furent pas appliquées et ces conclusions réactualisées dans un rapport du 9 mai 2017[28].

27. Académie nationale de médecine, groupe de travail : Le retentissement du fonctionnement des éoliennes sur la santé de l'homme. Paris, Académie nationale de médecine ; mars 2006.

28. Patrice Tran-Ba-Huy, rapporteur, « Nuisances sanitaires des éoliennes terrestres », rapport de l'Académie nationale de médecine, du 9 mai 2017. Publiée in *Bull. Acad. Natle Méd.*, 2017, 201, n° 4-5-6, 529-547, séance du 9 mai 2017.

Dans ce rapport, l'Académie nationale de médecine prend une position beaucoup plus politique et se déclare favorable à l'installation des éoliennes en France en minorant les impacts des éoliennes sur la population vivant à proximité. Le rapport de 2017 précise :

> *La décision de développer davantage encore l'énergie éolienne est un fait politique aujourd'hui gravé dans la loi relative à la transition énergétique pour la croissance verte. La problématique de ce rapport était d'analyser la réalité de son impact sanitaire et de dégager des pistes susceptibles d'en diminuer la portée éventuelle! L'éolien terrestre présente indubitablement des effets positifs sur la pollution de l'air et donc sur certaines maladies (asthme, BPCO, cancers, maladies cardio-vasculaires)*[29].

L'Académie de médecine insiste essentiellement sur la nécessité politique de l'implantation éolienne et souhaite simplement des mesures de minimisation des effets négatifs pour les populations riveraines. En outre, elle adopte une posture nettement pro-éolienne en soulignant de prétendus bienfaits pour la santé, se prévalant des « effets positifs sur la pollution de l'air », comme si les éoliennes aspiraient les particules et l'air pollué, à l'instar des machines antipollution de la comédie *La Zizanie*[30]. Cette utopie qui verrait une dépollution directe grâce aux éoliennes ne résiste pas à la critique, de même que toute dépollution indirecte qui oublierait les effets de l'intermittence en termes d'émission de gaz à effet de serre ou de particules de charbon[31].

29. Rapport de l'Académie nationale de médecine, du 9 mai 2017, p. 18.
30. Claude Zidi, *La Zizanie*, 1978, Les Films Christian Fechner, 93'.
31. Cf. *supra*, chapitre 2.

Pire, l'Académie de médecine se fait le relais[32] de la théorie médicale qui prétend que les problèmes de santé associés aux éoliennes seraient en réalité dus à un « effet *nocebo* ». Diffusée par certains scientifiques partisans de l'électricité éolienne[33], cette théorie soutient que les informations négatives relayées en particulier par l'action des militants anti-éolien sur les réseaux sociaux ou les médias seraient la principale cause du « syndrome éolien ».

L'Académie de médecine française se fonde[34], pour tenir cette position, sur une étude de Nouvelle-Zélande :

> *Une récente étude néozélandaise conduite en double aveugle a comparé les effets d'une exposition de 10 minutes soit à une stimulation* placebo *(c'est-à-dire au silence), soit à des infrasons, sur des sujets recevant préalablement une information soulignant soit les méfaits, soit l'innocuité de ces derniers. Seuls les sujets ayant reçu les informations négatives rapportèrent des symptômes, qu'ils aient été ou non soumis à l'exposition aux infrasons !*

Elle conclut ainsi : « Cette expérience souligne le rôle éventuellement négatif de certains médias et autres réseaux sociaux (*sic*). »

Les limites d'une telle expérience sont évidentes dans la mesure où les riverains des éoliennes ne sont pas soumis aux infrasons pendant seulement dix minutes mais durant de nombreuses heures, du jour ou de la nuit. Que l'Académie de médecine française se positionne sur

32. Rapport de l'Académie nationale de médecine, du 9 mai 2017, p. 10.
33. Collectif, *Évaluation des effets sanitaires des basses fréquences sonores et infrasons dus aux parcs éoliens*, avis de l'Anses, mars 2017.
34. Rapport de l'Académie nationale de médecine, du 9 mai 2017, p. 11.

la base d'une étude et d'une expérience aussi contestable, alors qu'il existe de multiples études et alertes internationales sur le sujet du syndrome éolien, dénote, sinon un manque de sérieux, du moins un manque d'indépendance.

Par ailleurs, la première recommandation de l'Académie de médecine dans son rapport de 2017 n'est pas médicale, mais spécifiquement sociale. Sortant de son champ de compétence, elle propose :

> *de faciliter la concertation entre les populations riveraines et les exploitants ainsi que la saisine du préfet par les plaignants, de s'assurer que l'enquête publique est conduite avec la rigueur décrite dans les textes et effectivement mise en œuvre, et de veiller à ce que les riverains se sentent mieux concernés par les retombées économiques*[35].

Ainsi, l'Académie de médecine fait-elle un hors sujet en se ralliant à l'idée que le syndrome éolien est davantage une question de pédagogie ou d'explication qu'un réel problème sanitaire. En soulignant aussi l'aspect sociologique et comportemental avant même d'envisager les conséquences médicales. Cette caution de l'Académie de médecine apportée à la théorie de l'« effet *nocebo* » a d'ailleurs bien été soulignée par la presse spécialisée[36]. Dans un entretien avec LCI[37], le rapporteur du rapport de l'Académie de médecine, le docteur Patrice Tran-Ba-Huy, confirme sa position en précisant que « [c]ela met en

35. Rapport de l'Académie nationale de médecine, 9 mai 2017, p. 18.
36. Céline Deluzarche, « Les infrasons émis par les éoliennes ont-ils un impact sur la santé ? », in *futura-sciences.com*.
37. Charlotte Anglade, « Vertiges, troubles du sommeil, maux de tête… Les éoliennes mettent-elles notre santé en danger ? », LCI, 23 avril 2019.

jeu le problème de la susceptibilité individuelle, d'autant que parmi les riverains, tous ne sont pas sensibles ». Selon le médecin, il s'agirait plutôt de symptômes « subjectifs », comme peut l'être l'intolérance aux odeurs d'essence.

Cette théorie, conduisant à réduire le « syndrome éolien » à un simple symptôme psychosomatique, constitue une véritable négation de la réalité des souffrances des riverains et refuse d'analyser la réalité factuelle des nombreuses constatations et observations réalisées dans le monde entier. Elle vient ajouter de la souffrance à la souffrance en laissant des malades désemparés, rendus responsables de leurs problèmes médicaux. Elle est proprement inacceptable et indécente.

Face aux alertes mondiales sur le sujet du « syndrome éolien », les promoteurs des aérogénérateurs ont adopté une posture particulièrement désinvolte face au désespoir des victimes en cautionnant une forme de déni pour mieux continuer un business particulièrement bénéfique. Par une sorte de retournement sémantique, les hommes d'affaires du vent et les médecins qui les soutiennent tentent d'attribuer les problèmes de santé des riverains non pas aux éoliennes elles-mêmes, mais aux médecins qui lanceraient l'alerte sur le sujet ou aux résistants écologistes anti-éoliens. Ainsi, dans le cadre de sa commission spéciale, le Sénat australien a relevé cette attitude en notant qu'il ne fallait pas procéder à une banalisation médicale sur le sujet :

> *Ces effets sur la santé ne doivent pas être banalisés ou ignorés. La commission était particulièrement affligée par les défenseurs des énergies renouvelables, les promoteurs et les exploitants de parcs éoliens, les fonctionnaires et les universitaires qui se moquaient publiquement et parfois ridiculisaient les résidents*

> *locaux qui tentaient véritablement de faire connaître les effets néfastes sur leur santé*[38].

Le Sénat australien ne croyait pas si bien dire car la théorie de l'« effet *nocebo* » ne résiste pas à la réalité factuelle de ce que vivent les riverains dans leur chair. Pour contredire cette théorie, il suffit de constater qu'il existe des agriculteurs favorables aux éoliennes qui, après avoir accepté qu'on en installe sur leurs terres, subissent, ainsi que leur cheptel, des symptômes semblables à ceux du « syndrome éolien » depuis que ces dernières ont été mises en service.

Les problèmes de santé affectent également les pro-éoliens

En ce sens, le cas des éoliennes installées dans un village de l'ouest de la France, à Nozay dans la région de Nantes, est emblématique. En 2009, une compagnie allemande propose à des agriculteurs du village la mise en service d'éoliennes sur les terres qu'ils exploitent, moyennant l'espérance d'un revenu annuel de quelques milliers d'euros. Ils acceptent la construction des éoliennes, dont la plus proche se situe à six cents mètres de l'exploitation. Mais, très rapidement après leur mise en route, des troubles affectant la santé des animaux et celle des habitants vivant à proximité sont constatés. Depuis juin 2013, date effective de la mise en service de la centrale éolienne, plus de trois cents vaches sont mortes de manière inexpliquée. La qualité et la quantité du lait des exploitations agricoles s'est dégradée de façon

38. Paragraphe 1.13, Rapport de la commission spéciale sur l'éolien du Sénat australien, *op. cit.*

importante. Quatre exploitations agricoles de la région à proximité de la centrale éolienne sont concernées par ces graves problèmes[39].

En même temps, la santé des riverains de la centrale éolienne s'est dégradée. Les témoignages s'accumulent : une agricultrice souffrant d'épilepsie a vu sa maladie s'aggraver, un adolescent a un kyste qui ne se résorbe pas, des riverains se plaignent de troubles du sommeil, de maux de tête et de fatigue, certaines personnes subissent des inflammations musculaires. Ces agriculteurs – désormais victimes des éoliennes – en avaient pourtant plutôt une image positive, comme ils le mentionnent dans des médias agricoles : « Pourtant ces éoliennes, nous n'étions pas contre. Nous trouvions ça bien, de développer une énergie verte[40]. »

Il ne s'agit donc pas de pourfendeurs de l'éolien mais bel et bien de partisans de cette source d'électricité, au point de refuser toute aide des collectifs de résistance à l'éolien, de peur de voir leur combat récupéré, voire instrumentalisé. Il paraît donc difficile d'imaginer que ces agriculteurs aient pu subir ces problèmes médicaux du fait d'informations négatives sur le sujet alors qu'ils étaient justement volontaires pour installer des éoliennes sur leurs propres exploitations. Quant aux vaches mortes ou en mauvaise santé, il semble bien compliqué d'imaginer qu'une information négative sur l'éolien soit la cause de leurs pathologies !

---

39. Thibault Dumas, « Depuis l'ouverture du parc éolien de Nozay, les vaches meurent et les humains sont malades », in *Reporterre*, 25 mars 2019.

40. Propos recueillis par Cécile Julien, « Chez Murielle et Didier Potiron (44), "Un champ d'éoliennes met à mal notre santé et celle de notre troupeau" », in *www.web-agri.fr*, 3 mai 2019.

La théorie de l'« effet *nocebo* » s'effondre face à la quantité de troubles que vivent les riverains et à l'existence vérifiée du « syndrome éolien ». Il est d'ailleurs particulièrement intéressant de noter que l'ensemble des symptômes recueillis à Nozay correspondent parfaitement à ceux relevés ailleurs en France ou dans le monde entier dans le cadre des études épidémiologiques réalisées par des médecins ou des professionnels des infrasons et en particulier du cas des habitants du Wisconsin qui ont été contraints de déménager et selon les mécanismes décrits par le docteur en biologie allemand, Wolfgang Müller.

Lors d'un arrêt accidentel des éoliennes de Nozay en 2017, l'un des agriculteurs a pu constater la nette amélioration de sa santé et du rendement de la traite des vaches. Dans la presse locale, il précise[41] :

> *Nous avions fait venir un huissier pour constater sa mise hors tension. Pendant cette courte période, le troupeau s'est enfin comporté normalement. Cela a été constaté par les chiffres du robot de traite, analysés par un expert. Et nous-mêmes, on a retrouvé le sommeil.*

Il existe donc incontestablement un lien de causalité directe ou indirecte entre le fonctionnement des éoliennes et les troubles subis par les riverains et leurs bêtes.

En août 2018, la préfecture de Loire-Atlantique avait demandé dans un arrêté préfectoral de faire des tests consistant à couper les câbles équipotentiels de mise à la terre des éoliennes afin de vérifier s'il ne s'agissait pas

41. Cécile Rossin, « Des éoliennes tueuses : l'électricité est-elle responsable de la mort d'animaux en Loire-Atlantique ? », in *L'éclaireur*, février 2019.

d'un problème de diffusion de l'électricité dans le sol[42]. Le résultat fut pire et les agriculteurs ont ressenti une aggravation de leurs problèmes de santé et même le décès de bêtes supplémentaires[43].

Infrasons ou diffusion de l'électricité dans le sol ? Il semble parfaitement acquis que ce sont les éoliennes qui sont responsables de ces problèmes de santé, même si certains fonctionnaires de la préfecture tentent d'évoquer d'autres causes tout en envisageant secrètement un transfert des exploitations agricoles. En tout état de cause, on assiste bien dans cette affaire à un déni de réalité des autorités publiques et en particulier du gouvernement qui minimise l'affaire. À une question soulevée par un sénateur[44] de la région, inquiet du cas des éoliennes de Nozay, Adrien Taquet, secrétaire d'État auprès de la ministre des Solidarités et de la Santé, donne cette réponse[45] :

> *La revue des connaissances disponibles en matière d'effets sanitaires auditifs et extra-auditifs dus au parc éolien, en particulier dans le domaine des basses fréquences et des infrasons, ne mettait pas en évidence, là non plus, d'arguments scientifiques suffisants en faveur de l'existence d'effets sanitaires autres que la gêne liée au bruit audible et un effet, dit nocebo.*

42. Arrêté préfectoral du 2 août 2018 prescrivant des tests de coupure des lignes de liaison équipotentielles entre les éoliennes du parc éolien des 4 Seigneurs, sur les communes d'Abbaretz, Nozay, Puceul et Saffré.
43. Cécile Rossin, *op. cit.*
44. « Impact des éoliennes sur la santé », Question orale n° 0667S de M. Christophe Priou, *JO Sénat*, 28 février 2019.
45. « Impact des éoliennes sur la santé », Réponse du Secrétariat d'État auprès de la ministre des Solidarités et de la Santé, *JO Sénat*, 20 mars 2019, p. 3154.

Le ministère s'appuie encore une fois sur l'« effet *nocebo* » pour minimiser les problèmes de santé, et nie le principe de précaution au nom d'un cap politique fixé et dont il semble impossible d'arrêter le cours. Incontestablement, nous nous orientons vers un scandale sanitaire du « vent contaminé » comme celui que nous avons déjà connu en France avec l'affaire du sang contaminé[46]. Ce déni de réalité de la part des médecins qui occultent les études scientifiques est particulièrement inquiétant : les éoliennes ont de graves effets, avérés, sur la santé des humains et ce ne sont pas les informations négatives qui les causent.

Dans la continuité de ces réponses, la préfecture de Loire-Atlantique continue dans la même logique et a annoncé le 17 juillet dernier que, selon ses experts, il n'y avait pas de « liens directs » entre les éoliennes et les problèmes affectant les exploitations agricoles[47].

Lors de son audition par le Sénat australien, le médecin Michael Nissenbaum dénonce ce recours à la théorie de « l'effet *nocebo* » :

> *Suggérer un diagnostic de « nocebo » sans rechercher les causes plus plausibles, mieux comprises ou plus logiques d'un problème de santé constituerait normalement une faute professionnelle dans la plupart des systèmes médicaux basés en Occident, y compris en Australie*[48].

46. Viviane LE GUEN, Cathy DOGON, « Il y a 20 ans, trois ex-ministres jugés dans l'affaire du sang contaminé », in France Bleu, 8 février 2019.
47. Sacha MARTINEZ, « Loire-Atlantique. Le mystère des éoliennes de Nozay reste entier », in *Ouest-France*, 17 juillet 2019
48. Michael NISSENBAUM, MD, addresses Senate Inquiry concerns, 22 novembre 2012.

Ce parti pris insoutenable doit être combattu avec la plus grande détermination. À cet égard, les médecins rédacteurs de propos et écrits qui réduisent les difficultés des victimes des éoliennes à de simples maux psychologiques devraient faire montre d'une plus grande prudence et ne devraient pas négliger le possible engagement de leur responsabilité dans l'avenir.

Cette affaire de « vent contaminé » est d'autant plus inquiétante que la militante écologiste française Sioux Berger collecte dans la France entière des témoignages d'habitants victimes médicales des éoliennes[49] et a récemment dévoilé une coïncidence entre les cas mystérieux de cancers pédiatriques[50] intervenus dans le village de Sainte-Pazanne dans la région de Loire-Atlantique et les raccordements électrique d'éoliennes installées et enterrées à proximité[51]. S'il convient d'être prudent, la question des cancers pédiatriques associés aux effets directs comme indirects des raccordements d'éoliennes ne doit en aucun cas être négligée. L'implication dans des problèmes de santé des raccordements des lignes électriques à haute tension des éoliennes dans les sous-sols doivent être étudiés avec sérieux. La situation de Sainte-Pazanne est d'autant plus inquiétante que l'Anses (l'Agence nationale de sécurité sanitaire) a émis une alerte sur le lien qui pourrait exister entre les lignes à haute tension et les cancers pédiatriques[52]. L'ancienne ministre de l'Écologie Delphine Batho avait d'ailleurs dévoilé

49. *www.facebook.com/pg/campamarugue/posts/?ref=page_internal et lesventsdamarugue.fr/eoliennes-tueuses-la-suite-temoignage*

50. AFP « Les cancers pédiatriques à Sainte-Pazanne inquiètent des centaines de parents », in *Huffingtonpost*, 5 avril 2019.

51. *ventsetterritoires.blogspot.com/2019/05/loire-atlantique-de-sainte-pazanne.html*

52. AFP, « Lignes à haute tension : risque "possible" pour la santé des enfants, selon l'Anses », in *Sciences & Avenir*, 21 juin 2019.

à l'Assemblée nationale que le déploiement d'éoliennes en France allait conduire à la construction de milliers de kilomètres de lignes à haute tension supplémentaires[53]...

Cette situation est d'autant plus critique que, de manière parallèle, les éoliennes ont également des conséquences très importantes sur la biodiversité. Et ce qui touche la faune concerne également les hommes.

53. Déclaration de Mme Delphine Batho, ministre de l'Écologie, du Développement durable et de l'Énergie, Session ordinaire de 2012-2013, Première séance du mercredi 10 octobre 2012.

4

Le monde animal en grand danger

Le 22 mai 2019, au Luxembourg, des promeneurs découvrent au pied d'une éolienne de la centrale de Weiler un milan royal mort déchiqueté après avoir été happé par les pales. L'association luxembourgeoise de défense de la nature et de la biodiversité Natur & Ëmwelt[1] s'est légitimement indignée de cette destruction d'un animal faisant partie d'une espèce protégée et a rappelé qu'il ne s'agissait pas du premier cas, d'autres milans royaux ayant déjà été retrouvés morts à cet endroit[2]. Le ministère de l'Environnement luxembourgeois a ordonné immédiatement une enquête à l'Administration de la nature et des forêts et demandé l'arrêt jusqu'à nouvel ordre de cette centrale éolienne. Ce cas de mort d'un rapace peut être rapproché des nombreuses découvertes d'oiseaux morts et, en particulier, de rapaces au pied des éoliennes. Plusieurs associations de défense de ces oiseaux – qui sont parfois des espèces protégées –, comme le collectif

1. *naturemwelt.lu*.
2. « Un milan royal encore tué par une éolienne », in *L'essentiel*, 23 mai 2019.

Save the Eagles International[3], dénoncent depuis des années ce phénomène à l'échelle mondiale, alertant par la même occasion sur la connivence existant entre certaines associations de défense des animaux et les promoteurs éoliens qui les financent (voir chapitre 8).

Loin d'être exceptionnel, le cas des rapaces ne fait qu'illustrer à l'échelle internationale le paradoxe de la production d'électricité d'origine éolienne considérée comme vertueuse sur le plan écologique alors qu'elle engendre des dégâts majeurs sur la biodiversité et menace même la survie d'animaux aussi bien marins que terrestres. Comment est-il possible pour des personnes, se prétendant écologistes et amoureuses de la nature et des oiseaux, de défendre une source d'électricité qui est à ce point dommageable pour le bien-être et la vie du monde animal ?

Derrière la communication verte pro-éoliennes se cache en réalité un secret bien gardé à coups de millions de dollars de subventions par les promoteurs éoliens : elles sont une arme de destruction massive de la biodiversité.

Le massacre des oiseaux

L'industrialisation des paysages par l'installation des mâts éoliens a en effet d'importantes répercussions sur l'avifaune : oiseaux déchiquetés, chauves-souris décimées… La liste est longue et des études scientifiques

3. Save The Eagles International est une plate-forme regroupant des amoureux des oiseaux, des ornithologues et des associations de quinze pays différents. Ses membres considèrent qu'ils ne peuvent pas compter sur les ornithologues et les associations traditionnelles, car certaines d'entre elles sont financées en grande partie par les promoteurs éoliens. *savetheeaglesinternational.org.*

ont été publiées à ce sujet dans le monde entier[4]. De ces études, il ressort que deux grandes catégories d'incidences sur les oiseaux sont pointées du doigt : d'une part les collisions avec les rotors ou les pales d'éoliennes, d'autre part les atteintes aux habitats aviens qui pourraient d'ailleurs être plus graves encore, en termes d'impacts sur l'avifaune. La station ornithologique suisse Vogelwarte a d'ailleurs rédigé plusieurs publications en ce sens[5].

En 2013, la société Duke Energy, qui exploite cent soixante-seize éoliennes dans l'État du Wyoming, a été condamnée par le département de la Justice des États-Unis[6] à une amende historique d'un million de dollars pour avoir entraîné la mort de cent soixante-cinq oiseaux dont quatorze aigles royaux entre 2009 et 2013 et n'avoir pas respecté la loi de 1918 de protection des oiseaux migrateurs et protégés issue du traité MBTA (*Migratory Bird Treaty Act*) signé avec la Grande-Bretagne, le Canada, le Mexique, le Japon et la Russie. L'entreprise d'éoliennes a plaidé coupable devant la juridiction fédérale et a également écopé d'une période de probation de cinq ans au cours de laquelle elle doit mettre en œuvre un plan de conformité environnementale visant à prévenir la mort des oiseaux. Robert G. Dreher, procureur général

4. Petra Horch, Verena Keller, « Windkraftanlagen und Vögel – ein Konflikt ? Eine Literaturrecherche » (Éoliennes et oiseaux – un conflit ? Une recherche documentaire), publié par la station ornithologique suisse de Sempach, 2005.

5. Station ornithologique suisse Vogelwarte, « Énergie éolienne et protection des oiseaux », in *Point de vue*, juin 2016 et « Carte suisse des conflits potentiels entre l'Énergie éolienne et les oiseaux », 2013, Rapport établi sur mandat de l'Office fédéral de l'environnement.

6. Departmentofjustice, OfficeofPublicaffairs, « UtilityCompanySentenced in Wyoming for Killing Protected Birds at Wind projects, Environment and Natural Resources Division », 22 novembre 2013, *www.justice.gov/opa/pr/utility-company-sentenced-wyoming-killing-protected-birds-wind-projects*.

auprès de la division Environnement et réserve naturelle du département de la Justice, précise dans son communiqué : « Cette affaire représente la première condamnation pénale en vertu de la loi sur le traité concernant les oiseaux migrateurs pour des prélèvements non autorisés d'oiseaux dans le cadre de projets éoliens[7]. »

En France également, le milan royal est victime des éoliennes, à tel point que l'association France nature environnement – qui est par ailleurs un soutien militant à l'extension des éoliennes sur le territoire français – a porté plainte en septembre 2017 contre EDF Énergies nouvelles pour la mort d'un aigle déchiqueté par une éolienne dans le sud de la France. L'association avait déjà assigné EDF en justice pour la mort d'une trentaine de faucons crécerelle, victimes des éoliennes situées au nord de Sète[8].

Lors d'un séminaire organisé en 2010 en France par la LPO (Ligue de protection des oiseaux) en partenariat avec le ministère de l'Écologie, l'ornithologue américain Albert Manville dévoilait que pas moins de quatre cent quarante mille oiseaux étaient tués chaque année aux États-Unis par les éoliennes[9]. Du reste, les chiffres pourraient être beaucoup plus élevés. Comme le rapporte Mark Duchamp[10], président de Save The Eagles International, le 12 janvier 2012, lors du premier congrès scientifique sur l'énergie éolienne et la conservation de la vie sauvage à Jerez de la Frontera, en Espagne, la Société

7. *Ibid.*

8. « Un aigle tué par une éolienne, la Fédération nationale de l'environnement porte plainte », in *Le Parisien*, 15 septembre 2017.

9. Célia Fontaine, « Énergie éolienne et biodiversité sont-elles compatibles ? », in *Le Journal de l'Environnement*, 20 septembre 2010.

10. Mark Duchamp, « Éolien : le grand carnage que l'on cache aux Français », 30 avril 2015, *https://conseilmondialpourlanature.wordpress.com/2015/04/27/le-grand-carnage/*

espagnole d'ornithologie (SEO/Birdlife) a rendu publique son estimation selon laquelle, chaque année, les dix-huit mille éoliennes espagnoles pouvaient tuer six millions d'oiseaux[11].

En 2017, la Ligue de protection des oiseaux (LPO) a réalisé une étude[12] intéressante sur la mortalité des oiseaux qu'elle a publiée en collaboration avec l'ADEME. Ce rapport souligne lui-même des biais méthodologiques, en particulier sur la nature plus ou moins rigoureuse des relevés de cadavres d'oiseaux au pied des éoliennes. Même si la rédaction de ce document a une tendance à atténuer l'impact des éoliennes sur la mortalité des oiseaux, reste qu'il offre des informations précieuses sur l'impact des éoliennes sur le milieu avifaune.

Ce document de la LPO est rédigé selon un style plutôt administratif qui supprime toute aspérité, et ceci loin des discours militants et parfois légitimement enflammés sur la cause animale de son président Allain Bougrain-Dubourg. De nombreux observateurs ont remarqué d'ailleurs la grande réserve et la gêne de ce dernier lorsqu'une question lui a été posée à l'occasion d'une conférence à Noirmoutier à l'automne 2018[13], sur les effets potentiellement néfastes des éoliennes sur la

11. « SEO/BirdLife presenta una nueva guía para la evaluación del impacto de parques eólicos en aves y murciélagos », 12 janvier 2012, *seo.org/2012/01/12/seobirdlife-presenta-una-nueva-guia-para-la-evaluacion-del-impacto-de-parques-eolicos-en-aves-y-murcielagos*

12. Geoffroy Marx, Service SEPN, rapport « Le parc éolien français et ses impacts sur l'avifaune. Étude des suivis de mortalité réalisés en France de 1997 à 2015 », Ligue de protection des oiseaux, juin 2017.

13. Conférence « Biodiversité, état des lieux » par Allain Bougrain-Dubourg, « Festival des Sciences de Noirmoutier », Noirmoutier, 31 octobre 2018.

biodiversité dans le cadre d'un projet devant se déployer entre l'île d'Yeu et Noirmoutier, alors même que la zone est protégée en tant que réserve Natura 2000.

En tout état de cause, le rapport livre des informations particulièrement édifiantes quant à l'impact des éoliennes sur l'avifaune. C'est ainsi que la LPO nous informe que 81 % des cadavres d'oiseaux récupérés lors des relevés appartiennent à des espèces protégées ou suscitant des préoccupations majeures quant à leur état de conservation et que 60 % des cadavres retrouvés sont en réalité des oiseaux migrateurs[14]. Par ailleurs, il met en évidence et confirme que « [l]es rapaces diurnes (faucon crécerelle et crécerellette, milans noir et royal, busard cendré, buse variable, etc.) sont indéniablement les premières victimes des éoliennes au regard de leurs effectifs de population[15] ».

Il dévoile que 5 % des éoliennes françaises sont installées dans des zones protégées comme réserves Natura 2000[16] et que la mortalité des oiseaux y est deux fois plus importante qu'ailleurs. Du reste, il faut noter que le président de la LPO a demandé en 2017 d'éloigner les éoliennes des zones protégées au titre de cette protection européenne[17], mais en limitant sa demande à ces zones exclusivement.

Le rapport conclut en mettant en relief ses limites, reconnaissant ne pas avoir pris en compte et mesuré les impacts des éoliennes sur l'habitat des oiseaux :

---

14. On soulignera d'ailleurs que les six projets de centrales éoliennes envisagés en France au bord du littoral se situent tous dans les couloirs aériens migrateurs. Cf. *migraction.net/index.php?m_id=22006&item=6*.
15. *Ibid.*, p. 75.
16. Directive européenne « Oiseaux sauvages » (79/409/CEE du 25 avril 1979 modifiée du 30 novembre 2009 n° 2009/147/CE).
17. Romain Loury, « Oiseaux : éloigner les éoliennes des zones protégées », in *Le Journal de l'Environnement*, 22 juin 2017.

> *Cette étude ne s'est donc pas intéressée à d'autres impacts potentiels de l'éolien : altération des habitats, dérangement en phase de construction et d'exploitation pouvant mener à l'échec de la nidification ou à une perte d'habitat, effet barrière, etc. Ces impacts mériteraient, eux aussi, d'être étudiés et quantifiés, d'autant qu'ils pourraient s'avérer plus problématiques pour la conservation de certaines populations d'oiseaux que la perte de quelques individus par collision*[18].

Plus récemment, une étude – réalisée en Inde par une équipe scientifique sous la direction du professeur Maria Thaker[19] de l'Institut indien des sciences de Bengalore – a observé les populations d'oiseaux et de lézards sur trois sites d'éoliennes dans les Ghâts occidentaux. Or, d'après le résultat de cette étude, les chercheurs ont pu établir qu'il y avait une perte de 75 % des buses et des faucons dans les zones où étaient installées des centrales éoliennes. Interrogée par le *Daily Mail*, la co-auteure de l'étude déclare :

> *De nombreuses études ont montré que les parcs éoliens affectent les oiseaux et les chauves-souris. Ils les tuent et perturbent leur mouvement. Mais nous avons fait un pas de plus et avons découvert que cela affectait aussi les lézards. Chaque fois qu'un prédateur supérieur est supprimé ou ajouté, des effets inattendus se répercutent dans l'écosystème. Ce qui se passe réellement*

18. *Ibid.*, p. 73
19. Maria THAKER, Amod ZAMBRE et Harshal BHOSALE, « Wind farms have cascading impacts on ecosystems across trophic levels », in *Nature, Ecology & Evolution*, vol. 2, p. 1854-1858, 5 novembre 2018.

> *ici, c'est que les éoliennes ressemblent à l'ajout d'un prédateur supérieur à l'écosystème*[20].

au point pour le journal de titrer son article : « Les fermes éoliennes sont-elles devenues le nouveau prédateur du sommet ? »

En tout état de cause, en France, le Conseil national de protection de la nature (CNPN)[21], autorité officielle au sein du ministère de l'Écologie, gardien du temple de la sauvegarde de la biodiversité, a pu lancer une véritable alerte quant aux impacts des éoliennes sur les espèces protégées. En effet, dans le cadre des projets des centrales éoliennes prévues au bord du littoral français, elle a été consultée pour avis, en particulier au sujet du projet d'éoliennes envisagées entre l'île d'Yeu et Noirmoutier (sites classés Natura 2000), le promoteur éolien devant obtenir une autorisation lui permettant de porter atteinte aux espèces protégées délivrée par le préfet du département concerné après avis consultatif du CNPN.

Dans sa délibération du 22 juin 2018[22], le CNPN donnait un avis particulièrement défavorable (11 voix contre et 2 voix pour) à la dérogation d'atteinte aux

---

20. Harry Pettit, « Wind farms are the "new apex predators" : Blades kill off 75 % of buzzards, hawks and kites that live nearby, study shows », in *Daily Mail*, 5 novembre 2018

21. Rénové par la loi n° 2016-1087 du 8 août 2016 relative à la reconquête de la biodiversité, de la nature et des paysages, le Conseil national de protection de la nature est, au sein du ministère de l'Écologie, l'instance d'expertise scientifique et technique, compétente en matière de protection de la biodiversité et plus particulièrement de protection des espèces, des habitats, de la géo-diversité et des écosystèmes.

22. CNPN, Demande de dérogation à la protection des espèces protégées au titre du L. 411-2 du Code de l'environnement concernant le projet de parc éolien marin des îles d'Yeu et de Noirmoutier. Délibération n° 2018-19, séance du 22 juin 2018, président Serge Muller.

espèces protégées pour le projet. Dans l'exposé de ses motifs, le CNPN soulignait la faiblesse des études réalisées par le consortium éolien, estimant que pour les oiseaux « [l]a description de l'état initial est inaboutie, contribuant à ce que les enjeux soient sous-évalués pour certaines espèces ». Elle s'étonne par ailleurs « d'une absence dans l'évaluation des enjeux de mammifères marins et de la tortue luth » et rappelle également que le projet pourrait avoir des impacts très importants sur le puffin des Baléares, espèce protégée en danger d'extinction au niveau mondial[23].

Le préfet de Vendée, Benoît Broccard, passe cependant outre l'avis très négatif de cette instance d'expertise scientifique ministérielle, le considérant comme simplement consultatif et délivre le 19 décembre 2018 au promoteur éolien sino-japonais EMYN l'arrêté d'autorisation[24] lui permettant de porter atteinte aux espèces protégées dans le cadre de ce projet.

Tout en prétendant que la préservation de la biodiversité est un axe essentiel de sa politique, le ministre de l'Écologie de l'époque, François de Rugy, annonce quelques mois après cet épisode un projet de décret qui prévoit de supprimer les avis du CNPN[25] en matière d'espèces protégées. En effet, s'ils sont défavorables, ces

23. *lpo.fr/suivi-des-especes/puffin-des-baleares*

24. Arrêté préfectoral du préfet de Vendée n° 18/DDTM85/782 du 18 décembre 2018, portant octroi d'une autorisation des destructions et de perturbation intentionnelle de spécimens d'espèces animales protégées relatives au parc éolien en mer au large des îles d'Yeu et de Noirmoutier.

25. Projet de décret relatif à la simplification de la procédure d'autorisation environnementale, *consultations-publiques.developpement-durable.gouv.fr/decret-relatif-a-la-simplification-de-la-procedure-a1941.html* ; Laurent Radisson « Autorisation environnementale : un projet de décret supprime les consultations gênantes », in *Actu-Environnement*, 6 mai 2019.

avis du CNPN sont régulièrement pris en compte par le Conseil d'État, qui annule les arrêtés des préfets qui ne les respectent pas. Il est donc plus simple pour le gouvernement français de supprimer la capacité d'intervention et d'action du CNPN et ceci, au risque d'atteintes graves portées à la biodiversité.

En Irlande, l'association de défense des oiseaux Manx BirdLife a rédigé un rapport sur l'état de la présence des oiseaux marin sur l'île de Man, publié en 2019[26] et cofinancé, ironie du sort, par une entreprise qui souhaite étendre la centrale éolienne en mer d'Irlande[27], qui est déjà la plus grande implantation d'éoliennes en mer dans le monde, à quelques kilomètres de l'île de Man. Les résultats, édifiants, mettent parfaitement en avant le recul très important d'espèces d'oiseaux sur l'île, notamment du fait de l'installation d'une centrale éolienne en mer à quelques kilomètres de la côte :

- baisse de 65 % des fulmars du nord,
- baisse de 51 % des cormorans huppés,
- 34 % des mouettes tridactyles,
- 65 % des guillemots noir,
- baisse de 82 % des goélands bec noir,
- sans compter le puffin des Baléares qui a quasiment disparu[28].

Ces résultats confirment parfaitement les inquiétudes exprimées en France par le CNPN, et qui ont anticipé dans leur avis négatif pour le projet d'éoliennes entre l'île d'Yeu et Noirmoutier ce que les Irlandais vivent désormais avec l'implantation de leur centrale éolienne

---

26. Richard W. Hill, Neil G. Morris, Kimberley A. Bowman, David Wright, Manx Birdlife, « The Isle of Man Seabird Census », 2017-18, 20 mai 2019.
27. *walneyextension.co.uk*
28. *manxbirdlife.im/seabirdcensus2017-18/*

en mer. Dans un entretien pour le *Christian Science Monitor*, l'ornithologue américain Keen Kaufman dresse un très sombre panorama de l'éolien et précise au sujet des oiseaux et des éoliennes que « dans certains endroits, tels que les principales aires de repos des oiseaux migrateurs, elles tuent tellement d'oiseaux qu'elles deviennent un véritable problème de conservation[29] ».

Loin d'être les seules victimes des turbines, les oiseaux ne sont pas les seuls menacés, puisque la chauve-souris, animal indispensable à la préservation des écosystèmes, est également en grave danger.

Les éoliennes, prédatrices des chauves-souris

La protection des chauves-souris est au cœur des graves problèmes écologiques soulevés par l'industrialisation des campagnes du fait des éoliennes. La chauve-souris est indispensable à la survie de nos écosystèmes, car elle joue un rôle essentiel dans la pollinisation et contribue à éviter la prolifération des moustiques. Il a été établi qu'à l'échelle mondiale, la pollinisation effectuée par les animaux contribuait à la survie de plus de 75 % des plantes cultivées dans le monde, de même que de nombreuses plantes à la base de produits pharmaceutiques, si bien qu'aux côtés des abeilles, les chauves-souris constituent des animaux précieux pour notre écosystème et pour la chaîne alimentaire. Elles jouent également un rôle d'insecticide naturel important pour l'agriculture et contribuent à l'éparpillement des graines nécessaires à la régénération des forêts.

29. Randy Dotinga, « Why do birds migrate? Ask the man who's followed them ». Interview de Kenn Kaufman, *The Christian Science Monitor*, 19 juin 2019.

Or, l'éolienne est devenue aujourd'hui le principal prédateur mécanique et industriel auquel attribuer la mort de centaines de milliers, voire de millions de chauves-souris dans le monde. Certains rapports scientifiques montrent qu'en Allemagne, ce sont deux cent cinquante mille chauves-souris qui sont tuées par les éoliennes chaque année[30]. Ces études montrent que cette mortalité est plus ou moins forte en fonction des lieux et des pays d'implantation des éoliennes[31].

En septembre 2014, le professeur d'université du New Mexique, James H. Brown, biologiste spécialiste des questions écologiques, a publié une étude détaillée[32] à propos de l'impact des éoliennes sur les chauves-souris dans la publication de l'Académie nationale des sciences des États-Unis (NAS) qui a eu un important retentissement y compris en France[33]. Dans son article intitulé « Comportement des chauves- souris dans les éoliennes », le scientifique a mis en avant le rôle désastreux des éoliennes sur la mortalité des chauves-souris :

> *Les chauves-souris meurent en nombre sans précédent dans les éoliennes, mais les causes sont inconnues. Les décès atteignent leur maximum en fin d'été et en automne par vent faible et concernent principalement des espèces qui ont évolué pour se percher dans les arbres. […] Les chauves-souris sont des mammifères*

30. Céline HEITZ et Lise JUNG, « Impact de l'activité éolienne sur les populations de chiroptères », *Écosphère*, août 2016, complété en mai 2017, p. 18.
31. *Ibid.*, p. 21.
32. James H. BROWN, University of New Mexico, « Behavior of bats at wind turbines », PNAS October 21, 2014 111 (42) 15126-15131 ; le 29 septembre 2014.
33. Marc CHERKI, « Les éoliennes tueuses de chauves-souris », in *Le Figaro*, 3 octobre 2014.

à la vie longue, à faible potentiel de reproduction et qui ont besoin d'un nombre de survivants adultes élevé pour maintenir leurs populations. Le phénomène récent de mortalité généralisée des chauves-souris dans les éoliennes à grande échelle représente un nouvel aléa susceptible de nuire à des populations entières. On a constaté des décès de chauves-souris dans des éoliennes sur plusieurs continents, avec des estimations hypothétiques des décès dans certaines régions allant de quelques dizaines à des centaines de milliers de chauves-souris par an[34].

Le mode de déplacement des chauves-souris, guidées par un système de sonar à ultra son, pourrait être la raison du danger que représentent pour elles les éoliennes. En effet la rapidité de rotation des extrémités des pales (jusqu'à environ trois cents kilomètres-heure), les rend totalement indétectables pour le sonar des chauves-souris, accentuant la possibilité de collisions[35]. L'impact des infrasons des éoliennes sur les chauves-souris ne semble à ce jour abordé par aucune étude scientifique et l'on manque de documentation sur le sujet. En revanche, un nombre très important d'études évoquent le fort impact des éoliennes sur la forte mortalité des chauves-souris[36]. Les ONG qui s'y intéressent semblent plus

34. James H. BROWN, University of New Mexico, *op. cit.*

35. « Lignes directrices pour la prise en compte des chauve-souris dans les projets éoliens », Actualisation 2014. PNUE/EUROBATS Publication Séries n° 6, p. 9.

36. En guise d'exemple : « Lignes directrices pour la prise en compte des chauves-souris dans les projets éoliens », actualisation 2014. PNUE/EUROBATS Publication Séries n° 6, avec une grande bibliographie des études scientifiques réalisées sur le sujet p. 73 ; « Diagnostic chiroptérologique des projets éoliens terrestres », actualisation 2016 des recommandations de la Société française pour l'étude et la protection des

constater cette hécatombe et chercher à la diminuer ou à l'éviter, que contester l'installation des éoliennes qui constitue pourtant le cœur du problème.

Le monde marin lourdement impacté

Le monde marin est en effet lui aussi, hélas, particulièrement touché par les éoliennes. Dans le cadre des projets d'éoliennes en mer, les systèmes anticorrosion des supports jacket immergés servant à tenir les mâts éoliens émettent une forte quantité d'oxyde d'aluminium dans la mer.

Pour un seul des six projets prévus au bord des côtes françaises, et selon la documentation confidentielle du promoteur éolien dévoilée par une indiscrétion, il a été porté à la connaissance du public qu'il était ainsi prévu l'émission dans la mer d'environ trois mille tonnes d'aluminium et de cent soixante tonnes de zinc. Or, il suffit de parcourir les études scientifiques pour voir à quel point la pollution à l'aluminium constitue aujourd'hui un danger tant pour les animaux que pour les hommes et qu'elle contamine toute la chaîne alimentaire, ce métal n'étant pas biodégradable. Sur le site internet du CNRS, on peut lire d'ailleurs :

> *La pollution métallique peut être due à différents métaux comme l'aluminium. [...] La pollution métallique pose un problème particulier, car les métaux ne sont pas biodégradables. En outre, tout au long de la chaîne alimentaire, certains se concentrent dans les*

---

mammifères, février 2016 ; ou Collectif, « Mitigating the negative impacts of tall wind turbines on bats : Vertical activity profiles and relationships to wind speed », in PLOS / ONE, 21 mars 2018.

organismes vivants. Ils peuvent ainsi atteindre des taux très élevés dans certaines espèces consommées par l'homme, comme les poissons. Cette "bio-accumulation" explique leur très forte toxicité[37].

C'est l'ensemble des écosystèmes situés à proximité des mâts des éoliennes en mer qui se trouvent pollués par l'aluminium. Les crustacés ou petits poissons installés au pied des éoliennes ingérant de l'eau contaminée à l'aluminium sont eux-mêmes à leur tour absorbés par de plus gros poissons, etc. À terme, c'est toute la chaîne des animaux marins qui risque la contamination, jusqu'à l'homme, qui consomme ces poissons. Or, l'impact sur la santé de l'assimilation d'aluminium par les humains commence à être connu et dénoncé, grâce à des études scientifiques menées par des médecins et des spécialistes de renom. C'est ainsi que des liens désormais forts sont établis entre l'aluminium et la maladie d'Alzheimer ou même l'autisme. Le professeur Christopher Exley, spécialiste renommé de la toxicité de l'aluminium, a publié un article important sur le sujet en mars 2017 dans le *Journal of Trace Elements in Medicine and Biology*[38]. Dans un colloque sur le sujet, en 2015, il précisait : « Il est essentiel que nous levions le sujet de l'écotoxicité de l'aluminium et de son rôle dans les maladies humaines et plus particulièrement celles du système nerveux central dont la maladie d'Alzheimer.[39] »

37. *sagascience.cnrs.fr/doseau/decouv/degradation/10_pollution.htm*
38. Ambreen MIRZA, Andrew KING, Christopher EXLEY, « Aluminium in brain tissue in familial Alzheimer's disease », in *Journal of Trace Elements in Medicine and Biology*, vol. 40, mars 2017, p. 30-36.
39. Loïc CHAUVEAU, « Alerte à la toxicité de l'aluminium », in *Science et Avenir*, 4 mars 2015.

Mais le monde marin est mis également en danger en raison des infrasons que les éoliennes produisent dans la mer. C'est ainsi que les chercheurs de l'université de Saint Andrew en Grande-Bretagne ont établi une corrélation importante entre les bruits et infrasons produits par les centrales éoliennes en mer et les effets négatifs de ces sons sur le monde aquatique et en particulier sur les baleines. Ils ont découvert que le bruit causé par les parcs éoliens en mer interfère avec le sonar des baleines et peut parfois les conduire à s'échouer sur des plages où elles meurent.

Dans un article de 2006[40], ils soulignent les effets encore plus négatifs sur le monde aquatique lors de la phase de construction des centrales éoliennes.

> *La littérature et la modélisation montrent que le battage de pieux et d'autres activités qui génèrent des impulsions intenses pendant la construction sont susceptibles de perturber le comportement des mammifères marins à des distances de plusieurs kilomètres et que ces activités sont susceptibles de provoquer une déficience auditive à courte distance*[41].

Leurs conclusions ont été parfaitement confortées lors d'observations en mer par des marins français. Ceux-ci ont pu constater que les essais de forage et d'enfoncement des pieux réalisés au large du Tréport pour la centrale éolienne en projet faisaient fuir un nombre formidable

---

40. P. T. MADSEN, M. WAHLBERG, J. TOUGAARD, K. LUCKE, Peter Lloyd TYACK, *Wind turbine underwater noise and marine mammals : implications of current knowledge and data needs*, Inter-Research Science Publisher, 2006.
41. *Ibid.*

de poissons de la zone concernée, pourtant connue pour la présence de nombreuses espèces[42].

Faut-il y ajouter la multiplication des échouages de baleines et autres cétacés qu'on observe dans plusieurs régions du monde à proximité de centrales éoliennes marines ? Ces mammifères marins utilisent des sons basse fréquence pour se déplacer et semblent totalement perturbés par les infrasons produits par les éoliennes. Dans un article publié par l'ONG écologiste CFACT, basée à Washington, « Les éoliennes tuent-elles les baleines ? », Paul Driessen, se basant sur une étude de cas, tisse un lien étroit entre l'installation des éoliennes en mer et la forte mortalité des baleines et des cétacés. Il relève ainsi que ces derniers sont perturbés dans la mesure où « les éoliennes émettent également des bruits de basse fréquence, y compris des infrasons dangereux. En mer, ces vibrations sont transmises à l'eau par les mâts et au lit rocheux par les pieux. Ils peuvent parcourir jusqu'à cinquante kilomètres[43] ».

Depuis de nombreuses années, un lien a été établi entre les émissions basses fréquences des sonars de l'US Navy et la mort par échouage de baleines[44]. Les ondes sonores militaires sont parfois diffusées à des dizaines voire à des centaines de kilomètres dans la mer. Si l'on suit les travaux de Paul Driessen, de la même manière que les sonars militaires, les éoliennes émettent également des sons basses fréquences et des infrasons qui déstabilisent voire tuent les baleines.

42. Halima Najibi, « Éolien offshore Dieppe-Le Tréport : la plateforme de forage a fait fuir le poisson », in France 3, 6 novembre 2018.

43. Paul Driessen, « Are wind turbines killing whales ? », in *cfact.org*, 4 mars 2016. Traduction de l'auteur.

44. David Malakoff, « Navy Admits Sonar Killed Whales », in *Science*, 7 janvier 2002.

Entre le 9 janvier et le 4 février 2016, vingt-neuf cachalots se sont échoués pour mourir sur des plages anglaises, allemandes et néerlandaises, dans des zones qui se situaient à proximité des centrales éoliennes en mer[45]. Le *Times* rapporte qu'en 2017 trois baleines se sont échouées sur les côtes en Grande-Bretagne et rapporte que les experts de la marine supputaient « que les trois baleines échouées sur la côte du Suffolk [étaient] peut-être mortes après avoir été désorientées par les éoliennes maritimes[46] ».

Aux États-Unis, le premier parc éolien en mer, American Deepwater Wind, en fonctionnement depuis décembre 2016 sur le littoral de l'État de Rhode Island, a connu également des échouages de baleines depuis sa mise en service. Une baleine à bosse juvénile s'est échouée à Jamestown en juin 2017. L'ancienne pêcheuse commercial Tina Jackson de Charlestown est convaincue que les turbines éoliennes sont responsables de la mort des baleines :

> *Bien sûr, moins de cinq mois après la mise en ligne de Deepwater Wind, il y avait eu sept morts de baleines et deux de tortues. Il n'y avait pas eu sept baleines mortes en une décennie, et encore moins en cinq mois. Il est donc clair que les turbines posent un problème. C'est la seule raison logique de la tragédie*[47].

45. Tom Wyke, « The gentle giants'graveyard : North Sea whale death toll rises to 23 as another eight are washed up on German coast after mass beachings across Europe », in *dailymail.co.uk*, 1er février 2016.
46. « Windfarms blamed after three whales die off Suffolk », in *The Times*, 22 mai 2017.
47. Tim Faulkner, « General Assembly To Study Marine Impacts Of Turbines », in *Ecori News Staff*, 15 juin 2018.

En février 2018, une commission législative a été ouverte par l'Assemblée générale de l'État de Rhode Island afin d'évaluer les impacts des centrales éoliennes sur les milieux marins[48]. Les pêcheurs de la région s'alarment fortement des impacts sur leur activité de l'installation de plusieurs centrales éoliennes en mer actuellement en projet aux États-Unis. Leurs inquiétudes sont similaires à celles exprimées en Europe par les marins pêcheurs dans les zones d'activité situées dans la Manche à Dieppe-Le Tréport ou au large de Saint-Brieuc et au bord de l'Atlantique entre l'île d'Yeu et Noirmoutier[49].

Les enjeux sont considérables car les conséquences des éoliennes sur les baleines pourraient fortement ralentir la mise en œuvre des projets à l'échelle internationale, et en particulier, en Europe et aux États-Unis. On comprend mieux la gêne de certaines ONG de défense des animaux et de la biodiversité, comme WWF, dans la mesure où elles sont également des militantes déterminées des éoliennes. Aussi adoptent-elles souvent des positions ambiguës, affirmant la nécessité d'installer des éoliennes – alors même que l'on a vu leur bilan environnemental désastreux – tout en demandant aux promoteurs éoliens de trouver des solutions pour minimiser leur impact sur la biodiversité.

Une société éolienne américaine, Vineyard Wind, prévoyant d'installer une centrale éolienne au large du Massachusetts, a décidé de consacrer trois millions de

48. 2018 – H 7457, State Of Rhode Island In General Assembly, January Session, A.D. 2018, House resolution, « Creating A Special Legislative Commission To Study The Effect Of Wind Turbines On All Marine Life ». Traduction de l'auteur.

49. Dorothée LAPERCHE, « Éolien en mer : le collectif des pêcheurs artisans indique avoir déposé 3 plaintes à Bruxelles », in *Actu-Environnement*, 2 mai 2019.

dollars à la protection de la baleine noire de l'Atlantique Nord, une espèce en voie de disparition, et à la mise en œuvre d'un système de surveillance acoustique permettant de détecter et de suivre les espèces menacées d'extinction[50]. C'est toute la contradiction de l'éolien qui, sous couvert de préservation de la planète, communique pour cacher le saccage environnemental de ces turbines tout en prétendant le contingenter !

La surmortalité des vaches

Retour à Nozay en France. Il aura fallu des années pour les époux Potiron, agriculteurs dans ce village des Pays-de-la-Loire, pour lever l'omerta et faire reconnaître le problème de leurs vaches décimées à la suite de l'installation des éoliennes à proximité de leur ferme[51]. Ce cas évoqué à propos des impacts sur les hommes permet également de décrire les conséquences sur le cheptel agricole. Ce sont en effet trois cents vaches qui sont mortes mystérieusement depuis l'installation et la mise en service en 2012 d'une centrale éolienne, l'un des aérogénérateurs étant installé à six cents mètres de l'étable. Les exploitations voisines connaissent le même phénomène. Depuis, leur cas ne cesse de défrayer la chronique grâce à une médiatisation en France[52], mais également dans le monde entier[53], ce qui a poussé le

50. Associated Press, « Wind developer seeks proposals for whale monitoring system », in *www.dailymail.co.uk*, 21 mai 2019.

51. « Les éoliennes ont détruit notre élevage », témoignage de Didier, éleveur à Pucel, in *La France agricole*, 21 février 2019.

52. AFP, « Mystère autour d'éoliennes accusées de tuer des vaches », in *Libération*, 24 mai 2019.

53. Hugh Schofield & Laurene Casseville « Mystery surrounds animal deaths on France's farms », in BBC, 22 juillet 2019

préfet à mettre en œuvre des arrêtés de mise hors service des éoliennes afin de faire des tests pour découvrir l'origine de cette mortalité inexpliquée.

En France toujours, en Bretagne, plusieurs agriculteurs constatent également des morts de vaches à proximité d'une centrale éolienne. Selon Éric de la Chesnais, lui-même agriculteur et journaliste spécialiste du monde agricole, il existerait de nombreux cas dans toutes les régions d'élevage[54] en lien avec des centrales éoliennes, comme en Basse-Normandie, cette fois dans un élevage de lapins, placé depuis en situation de liquidation judiciaire.

Dans tous les cas référencés, les producteurs de lait interrogés soulignent tous qu'après l'installation d'éoliennes à proximité de leur ferme, ils ont connu une baisse notable de la quantité et de la qualité du lait produit. En 2015, un éleveur de vaches de la Somme avait d'ailleurs assigné en justice un exploitant d'éoliennes sur le fondement d'un effondrement qualitatif de la productivité de son exploitation, le lien de causalité ayant été établi par un rapport d'experts pour expliquer cette baisse de rentabilité[55].

Cette question n'est pas nouvelle et, depuis déjà de nombreuses années, les défenseurs de la condition animale démontrent que les éoliennes ont un véritable impact sur la santé, le stress ou même la mortalité des animaux. Une étude vétérinaire a été réalisée en Pologne[56]

54. Éric de la Chesnais, « La mort mystérieuse de bovins en Bretagne inquiète des éleveurs », in *Le Figaro*, 28 avril 2019.

55. Delphine de Mallevoüe, « Ces éoliennes qui troublent le lait des vaches », in *Le Figaro*, 17 septembre 2015.

56. J. Mikołajczak, S. Borowski, J. Marć-Pieńkowska, G. Odrowąż-Sypniewska, Z. Bernacki, J. Siódmiak, P. Szterk, « Preliminary studies on the reaction of growing geese (Anser anser f. Domestica) to the proximity of wind turbines », *Polish Journal of Veterinary Sciences*, 2013.

pour mesurer l'impact des éoliennes sur les oies placées à proximité. Les résultats ont révélé que les oies élevées à cinquante mètres des éoliennes ont pris moins de poids et leur concentration sanguine de cortisol, une hormone du stress, est supérieure à celle des oies placées à une distance de cinq cents mètres.

En janvier 2014, au Danemark, un scandale a éclaté après qu'un éleveur de visons a connu dans son élevage une mortalité exceptionnelle et un nombre de fausses couches impressionnant (mille six cents !), un an après l'installation à côté de son élevage d'une centrale de quatre éoliennes de cent quarante mètres de haut. Après avoir manifesté son désarroi auprès des autorités du Danemark, l'éleveur est parvenu à faire prendre conscience au Comité de l'environnement danois des importants risques pour la santé animale et humaine de l'installation des éoliennes[57].

On peut constater, dans le traitement des cas de vaches mortes en France, une certaine réserve ou prudence de la part des autorités, qui refusent par avance l'idée que les éoliennes pourraient être tenues responsables, quand on ne tourne pas tout simplement en dérision les victimes de l'éolien. Comme nous l'avons précédemment précisé, la préfecture de Loire-Atlantique a récemment notifié qu'après étude de ses experts, la question de la mortalité des vaches n'était pas en « lien direct » avec les éoliennes[58]. Ce qui d'ailleurs n'exclut pas de « liens indirects ». On comprend bien sûr pourquoi le gouvernement français est réticent à faire toute la lumière

57. Dan BJERRING, « Tidligere miljøminister vil ændre vindmøllebekendtgørelse », in *Maskinbladet*, 20 janvier 2014.
58. Florian CAZZOLA, « Surmortalité de vaches à Nozay : aucun "lien direct" avec le fonctionnement des éoliennes selon les experts », France Bleu Loire-Atlantique, 18 juillet 2019.

sur ce sujet tant il souhaite faire son maximum pour développer l'éolien dans les campagnes. Il va sans dire que ce déni des autorités françaises pourrait un jour se retourner contre elles. Car à la vitesse où vont les choses et les informations, la mise en évidence que l'éolien cause un grand danger pour la faune marine et terrestre ne devrait pas tarder.

5

La nouvelle « dictature verte »

La démocratie environnementale a été fixée et prévue à l'échelle internationale par trente-neuf pays dans le cadre de la convention d'Aarhus au Danemark, signée le 25 juin 1998[1]. Cette convention est fondamentale dans le domaine écologique dans la mesure où elle met en place les conditions d'une véritable démocratie participative lorsqu'une décision politique a une incidence sur le cadre de vie des citoyens. Elle définit les conditions d'accès à l'information des citoyens sur les projets ayant un impact environnemental et organise leur participation aux décisions ayant une influence sur leur environnement[2]. Chaque pays signataire a intégré dans

---

1. La convention d'Aarhus sur l'accès à l'information, la participation du public au processus décisionnel et l'accès à la justice en matière d'environnement, Aarhus, Danemark, 25 juin 1998, *https://treaties.un.org/pages/ViewDetails.aspx?src=TREATY&mtdsg_no=XXVII-13&chapter=27&lang=fr*.
2. « La Convention d'Aarhus : Guide d'application », 2014, 2e édition, Organisation des Nations unies, 280 pages.

sa législation des mesures visant à répondre à ce souci de protection de la nature et d'implication des citoyens.

La France a traduit cette convention dans la charte environnementale[3], qui a valeur constitutionnelle, en particulier à son article 7 : « Toute personne a le droit, dans les conditions et les limites définies par la loi, d'accéder aux informations relatives à l'environnement détenues par les autorités publiques et de participer à l'élaboration des décisions publiques ayant une incidence sur l'environnement. »

Cet article est donc la base de notre législation pour les décisions politiques à enjeu environnemental. Elles doivent non seulement prendre en compte l'avis de la population, mais également associer les citoyens dans le processus de prise de décision. Dans son guide d'application de la convention, l'ONU précise que les pouvoirs publics doivent « prendre dûment en considération les résultats de la procédure de participation[4] ». L'un des objectifs de la convention d'Aarhus est donc la prise en compte de la volonté populaire, la bonne information de la population et, le cas échéant, la possibilité pour les citoyens d'agir en justice afin de faire annuler un projet qui aurait des effets pervers sur l'environnement.

En France, ce sont les enquêtes publiques[5] qui permettent aux préfets de prendre en compte l'avis populaire sur un projet de construction industrielle (usines, élevages, carrières, unités de traitement ou éoliennes…) pour accepter celui-ci ou non. La population

3. Loi constitutionnelle n° 2005-205 du 1er mars 2005 relative à la Charte de l'environnement, NOR : JUSX0300069L.

4. « La Convention d'Aarhus : Guide d'application », 2014, 2e édition, Organisation des Nations unies, p. 125.

5. Organisées par les articles L. 123-1 et suivants du Code de l'environnement.

est donc avertie et invitée par des encarts publicitaires publiés dans la presse par le préfet du département à venir s'exprimer et à donner sa position. Des permanences sont organisées pour cette consultation. Le dossier administratif et l'ensemble des pièces du dossier sont mis à disposition et peuvent être consultés librement. Des « cahiers de doléances » sont disponibles : les citoyens sont appelés à y exprimer leur opinion favorable ou leur hostilité, à faire des remarques techniques ou même à soulever des difficultés. Depuis peu, ces cahiers sont disponibles sur Internet, ce qui facilite encore le recueil des opinions, et permet de résoudre la difficulté des dates de consultation qui pouvaient réduire l'intérêt de cette consultation, lorsque l'enquête concernant une zone fréquentée particulièrement pendant les vacances était organisée l'hiver, par exemple. Dans la pratique, on trouve dans ces consultations des avis aussi bien défavorables que favorables. L'enquête publique n'est en aucun cas chargée de recueillir uniquement les avis défavorables, mais bien d'appréhender globalement la tendance d'accord ou de rejet du projet.

Ces permanences sont organisées sous l'égide d'un ou plusieurs commissaires enquêteurs, chargés de cette mission par le préfet. Ces derniers sont des personnalités choisies par une commission départementale présidée par le président du tribunal administratif du département selon des critères d'objectivité, d'impartialité et de diligence, comme le précise le Code de l'environnement[6]. L'article 1er du Code de déontologie de la

6. Article R 123-41 du Code de l'environnement : « La commission arrête la liste des commissaires enquêteurs choisis, en fonction notamment de leur compétence et de leur expérience, parmi les personnes qui manifestent un sens de l'intérêt général, un intérêt pour les préoccupations d'environnement, et témoignent de la capacité d'accomplir leur mission avec objectivité, impartialité et diligence. »

compagnie nationale des commissaires enquêteurs est d'ailleurs la répercussion de ces principes, indiquant que « dans le cadre de sa mission le commissaire enquêteur remplit son rôle dans l'intérêt général, avec équité, loyauté, intégrité, dignité et impartialité[7] ».

Malheureusement, dans le domaine éolien en France, toute cette construction juridique, traduction de la convention d'Aarhus, qui normalement s'impose au gouvernement, aux préfets, et aux fonctionnaires, est largement remise en cause.

Fin 2018, le ministre de la Transition écologique, François de Rugy, a promulgué un décret au *Journal officiel*[8] qui supprime le premier degré de juridiction pour les recours contre l'implantation des aérogénérateurs terrestres. Ces recours sont désormais directement examinés par les seules cours administratives d'appel. Ce degré de juridiction avait d'ailleurs été auparavant supprimé pour les éoliennes en mer dont on ne peut contester l'implantation que devant la cour administrative d'appel de Nantes[9], celle-ci devenant ainsi une juridiction d'exception. Ce même ministre a lancé début 2019 une expérimentation visant à supprimer la présence des commissaires enquêteurs des enquêtes publiques qui seront à terme totalement dématérialisées[10].

---

7. *cnce.fr/commissaires-enqueteurs/ethique*

8. Article 23 du décret n° 2018-1054 du 29 novembre 2018 relatif aux éoliennes terrestres, à l'autorisation environnementale et portant diverses dispositions de simplification et de clarification du droit de l'environnement.

9. Décret n° 2016-9 du 8 janvier 2016 concernant les ouvrages de production et de transport d'énergie renouvelable en mer, *Journal officiel de la République française*, n° 0008 du 10 janvier 2016 NOR : DEVR1507204D.

10. Brigitte Menguy, « Dans deux régions, une expérimentation remplace les enquêtes publiques », in *La gazette des Communes*, 9 janvier 2019.

Face à cette action politique, de nombreux témoignages montrent qu'en France l'avis de la population est négligé par les autorités qui imposent les projets d'une manière très bureaucratique. Dans les villages concernés, les oppositions s'exacerbent[11], les promoteurs éoliens font pression sur les propriétaires terriens et créent de fortes divisions entre ceux qui vont bénéficier de la manne de la location de leur terre pour installer les mâts et ceux, plus nombreux, qui vont uniquement en subir les nuisances[12].

Les réunions d'information répondent à des formats préparés de manière à circonscrire les questions. Les coordonnées des personnes présentes sont parfois relevées, ce qui peut en intimider certains et créer une certaine auto-censure. La parole est donnée à des « experts » dont la qualité est souvent contestable, mais qui impressionnent, quand sont disséminés dans la salle des « médiateurs », prêts à isoler d'éventuels opposants en leur proposant d'échanger à l'extérieur ou dans un autre cadre. Le professionnalisme de l'organisation de ces réunions, joint aux propositions financières d'aide au développement des communes concernées ou aux propriétaires de parcelles, entretiennent un climat peu propice à une quelconque contestation des habitants vivant à proximité. Ceux-ci, premiers concernés, sont disqualifiés le plus souvent sur un plan technique par les promoteurs dont la communication quasi institutionnelle renforce la légitimité. Lors d'une réunion

11. Bruno Jeudy, « Éoliennes : le vent de la colère », in *Paris Match*, 24 novembre 2018 ; Guillaume Jeanne, « Environnement. Vent de colère en pays de Mayenne », in *Le Publicateur*, 19 juillet 2019 ; Thérèse Rinuit, « Vent debout contre les projets éoliens », in *Centre Presse*, 14 octobre 2018.

12. Sébastien Dubois, « Comment les promoteurs éoliens mettent "la pression" sur les propriétaires de Haute-Vienne », in *Le Populaire du Centre*, 30 juillet 2019.

d'information du promoteur éolien EMYN en avril 2017 à Noirmoutier, l'émotion d'un habitant face à ce qu'il considérait comme une atteinte définitive aux couchers de soleil sur la plage n'a ainsi suscité que le mépris, voire la risée des promoteurs.

Et pourtant, les oppositions sont très fortes. Dans les villages, certains anciens expriment qu'ils n'ont jamais ressenti une telle destruction du corps social depuis la seconde guerre mondiale. Les afflux financiers considérables associés à l'installation d'aérogénérateurs justifient tous les comportements et les pressions les plus fortes, de la part des promoteurs éoliens en particulier.

Dans certains pays, leurs actions sont sans limite et certains n'hésitent devant rien, allant jusqu'à éliminer physiquement les opposants pour parvenir à leurs fins : c'est ainsi qu'au Mexique, les partisans des éoliennes n'ont pas hésité à faire tuer des résistants indigènes qui protégeaient leur environnement et leur cadre de vie, et de nombreuses morts suspectes sont à déplorer en raison de cette politique brutale[13].

La multiplication des projets s'accompagne d'une crise démocratique amplifiée par la non-prise en compte de l'avis des populations lors des enquêtes publiques. Les opposants sont souvent moqués et caricaturés par des promoteurs éoliens et leurs communicants, avec le soutien d'une administration d'État dont les objectifs chiffrés limitent le libre arbitre et l'objectivité des fonctionnaires.

La situation préoccupe certains élus qui, quelle que soit leur étiquette politique, sont conscients des réticences de leurs administrés. Un grand nombre demande

13. Camille Lavoix, envoyée spéciale, « Révolte et morts suspectes autour des champs d'éoliennes mexicains », in *Le Nouvel Observateur*, 5 octobre 2014.

désormais avec détermination un moratoire sur l'éolien ou l'arrêt de la politique éolienne sur le territoire dont ils ont la charge[14]. En tout état de cause, le refus de prise en compte par l'État de l'avis de la population est tel dans les campagnes ou sur le littoral que l'on peut légitimement s'interroger sur la sincérité des enquêtes menées en particulier dans le domaine de l'écologie, dont le coût n'est pas négligeable, et dont les conclusions vont très souvent à l'inverse de l'avis émis par la population.

La démocratie participative mise à mal

Les témoignages des participants des enquêtes publiques révèlent souvent un parti pris favorable des commissaires enquêteurs et une absence de prise en compte de l'avis de la population qui s'est exprimée lors de ces enquêtes. À de rares exceptions près, les commissaires enquêteurs agréent aux projets de centrales éoliennes et occultent bien souvent les fortes oppositions populaires qui s'expriment lors des permanences. S'il est difficile de quantifier les avis des commissaires enquêteurs dans le domaine éolien, ils sont favorables dans 96 à 97 % des cas[15].

Pour les éoliennes en mer d'Arromanche, l'enquête publique avait montré une opposition de soixante-sept pour cent des participants ; à Noirmoutier, 76 % d'opposition. Les commissaires enquêteurs ont pourtant donné

14. « "Stop aux nouvelles éoliennes !", le cri d'alarme de dix députés », in *le Figaro*, 20 juin 2018 ; ou « La campagne anti-éolien de Xavier Bertrand », in *Le Monde*, 19 janvier 2019.
15. Barnabé Bictin, « La crise de l'enquête publique, révélateur d'une démocratie locale à l'agonie face à la toute-puissance des préfets », in *Bastamag*, 1er avril 2019.

un avis favorable aux projets. Pour l'éolien terrestre, les exemples sont très nombreux. Nous retiendrons celui de la commune de Brignac, au nord-ouest du Morbihan, où, sur quatre-vingt-neuf contributions à l'enquête publique, cinq furent favorables et quatre-vingt-quatre opposées. Le commissaire enquêteur émit… un avis positif. Après l'enquête publique pour un projet éolien en Vendée sur les communes de Thorigny et des Pineaux, nommé « Ferme éolienne de la Piballe », les commissaires enquêteurs ont validé celui-ci alors qu'une très forte opposition s'était exprimée au cours des permanences. Le rapport de l'enquête[16] relève qu'on comptait neuf avis favorables et cent soixante et onze défavorables, et conclut à l'existence d'« une réelle opposition au projet ».

Lors des permanences de consultation, les témoignages convergent pour dire que les commissaires enquêteurs dédaignent souvent les objections qui sont faites, même quand elles sont solidement argumentées et exprimées avec calme. Dans leur rapport, ils n'hésitent pas à minimiser l'avis de la population, sous prétexte que les participants n'auraient pas une connaissance suffisante des enjeux écologiques ou des caractéristiques techniques du projet lui-même, lorsqu'ils ne les disqualifient pas en les qualifiant d'égoïstes, ou les déclarant mus par un réflexe de *not in my backyard*.

Plus grave, certains estiment que seuls les opposants se sont mobilisés et que ceux n'ayant pas participé sont *ipso facto* favorables à l'éolien. C'est en tout cas la vision

16. Rapport, Enquête publique relative à la demande présentée par le gérant de la société « Ferme éolienne de la Piballe » en vue d'obtenir l'autorisation unique d'exploiter un parc éolien de trois éoliennes sur le territoire des communes de Thorigny et des Pineaux, TA : décision n° E16000313 / 44 du 6 décembre 2016, p. 58.
Préfet : Arrêté n° 16-DRCTAJ/1-658 du 21 décembre 2016.

retenue par la députée Marjolaine Meynier-Millefert, rapporteure de la commission d'enquête sur les énergies renouvelables à l'Assemblée nationale, lors de l'audition du 11 juillet sur le sujet des commissions d'enquête[17].

La connivence entre certains commissaires enquêteurs et les promoteurs éoliens est parfois favorisée, puisque la formation des premiers est réalisée par les seconds, souvent lors de journées organisées par les préfectures ou les directions régionales du ministère de l'Écologie[18]. Ce qui alimente de façon fort compréhensible une réelle suspicion.

Cette connivence est d'autant plus forte qu'en vertu de l'article R. 123-10 du Code de l'environnement[19], ce sont les porteurs de projets éoliens qui paient les indemnités de ceux qui animent les commissions d'enquête. Par ailleurs, le président du tribunal administratif doit être l'intermédiaire entre les promoteurs éoliens et les commissaires enquêteurs afin d'évaluer la

17. Audition de l'auteur, le 11 juillet 2019.

18. Journée de formation-information pour les commissaires enquêteurs, Énergies renouvelables, Bergerac, 28 mai 2013, avec le concours et sous le patronage de la DREAL et du tribunal administratif de Bordeaux et l'intervention de la société éolienne Valorem, et formation des commissaires enquêteurs DREAL Auvergne, juin 2014, slide de formation de la société éolienne ABOWIND.

19. Article R. 123-10 du Code de l'environnement : « Les commissaires enquêteurs et les membres des commissions d'enquête ont droit à une indemnité, à la charge du maître d'ouvrage, qui comprend des vacations et le remboursement des frais qu'ils engagent pour l'accomplissement de leur mission. [...] Le président du tribunal administratif qui a désigné le commissaire enquêteur ou les membres de la commission d'enquête, ou le membre du tribunal délégué par lui à cet effet, détermine le nombre de vacations allouées au commissaire enquêteur sur la base du nombre d'heures que le commissaire enquêteur déclare avoir consacrées à l'enquête, en tenant compte des difficultés de l'enquête ainsi que de la nature et de la qualité du travail fourni par celui-ci. »

somme à allouer à ces derniers. Sur cette question règne au demeurant une grande opacité, car le montant de la rémunération payée par les promoteurs aux commissaires enquêteurs n'est pas une information publique.

Dans le cadre de l'organisation d'une enquête publique, les commissaires enquêteurs ont des entretiens ou des réunions régulières avec les promoteurs éoliens. Ils créent ainsi des liens étroits, voire une certaine connivence, avec ceux dont ils recevront officiellement les émoluments de leur mission de service public. C'est tout le système des enquêtes publiques qui est fragilisé par un tel procédé qui ne peut qu'aboutir à des tensions avec des citoyens inquiets du fait de l'installation d'éoliennes sur leurs communes.

La question de l'objectivité des commissaires enquêteurs a été d'ailleurs récemment remise en cause à la suite d'une enquête publique au terme de laquelle l'un d'entre eux a donné un avis défavorable au projet industriel[20], à la suite de quoi il a été radié de la liste des commissaires enquêteurs par le préfet du département. Il n'est d'ailleurs pas anodin de noter que, dans cette affaire, l'industriel qui portait le projet a contesté les émoluments du commissaire enquêteur en question[21].

L'affaire du « QI de géranium »

L'enquête publique sur le projet de centrale éolienne prévue entre l'île d'Yeu et Noirmoutier constitue un

20. Laurent Radisson, « La radiation d'un commissaire enquêteur relance le débat sur le bon fonctionnement des enquêtes publiques », in *Actu-Environnement*, 29 janvier 2019.

21. Stéphanie Senet, « Le parcours du combattant d'un commissaire enquêteur », in *Le Journal de l'environnement*, 4 mars 2019.

exemple édifiant et emblématique[22]. Dans le cadre d'un appel d'offres en 2013, le gouvernement a envisagé de construire une centrale éolienne de soixante-deux mâts sur une surface de quatre-vingts kilomètres carrés entre deux sites magnifiques : l'île d'Yeu et Noirmoutier, au patrimoine naturel et à la biodiversité incomparables, sites protégés puisque rattachés au réseau Natura 2000.

Face à ce projet particulièrement néfaste en matière environnementale, une grande partie de la population des deux îles s'est soulevée. La résistance locale a regroupé les résidents, les professionnels de la pêche, les commerçants, et bien d'autres autour d'une association[23] et de deux collectifs citoyens[24] chargés d'organiser et structurer leur opposition.

Le préfet de Vendée a organisé du 4 avril au 23 mai 2018 la commission d'enquête publique chargée de donner son opinion sur ce projet et sur les travaux de raccordement à la terre des éoliennes. Le projet est d'importance, et pèse deux milliards d'euros, soit quatre fois le projet d'aéroport de Notre-Dame-des-Landes. La commission d'enquête était donc composée de cinq commissaires enquêteurs dont Brigitte Chalopin, présidente de la Compagnie nationale des commissaires enquêteurs[25]. Autant dire qu'il s'agissait d'une enquête publique particulièrement sensible et à très haute valeur symbolique compte tenu des enjeux et des oppositions locales.

La quasi-totalité des pêcheurs de Yeu et Noirmoutier ont signé une pétition contre cette centrale éolienne,

22. Vladimir de Gmeline, « Vent mauvais sur l'éolien », reportage de *Marianne*, 28 septembre 2018, p. 94 à 99.

23. Association Non Aux Éoliennes entre Yeu et Noirmoutier.

24. Collectifs citoyens Touche pas à nos îles et Yeu Vent debout.

25. *https://www.cnce.fr/*

les commerçants se sont mobilisés contre, une pétition de citoyens sur Change.org rassemble près de dix mille signatures. Une manifestation a réuni plus de cinq cents participants[26] à Noirmoutier : du jamais vu depuis quarante ans.

Très rapidement, les opposants dénoncèrent le comportement très favorable au projet des membres de la commission d'enquête, certains n'hésitant pas à distribuer les dépliants commerciaux du promoteur éolien pendant les permanences de l'enquête publique, selon leurs propres aveux et des témoignages de citoyens. La salle était par ailleurs décorée elle aussi d'affiches commerciales fournies par le promoteur.

La tension se cristallisa lorsque l'un des commissaires enquêteurs, Jacques Turpin, insulta les opposants dans un courriel du 1er mai 2018 : il estimait que ces derniers étaient « des personnes sans scrupules et au QI qui n'[était] pas celui du géranium[27] ». Le courriel avait été envoyé par erreur au collectif d'opposants, Touche pas à nos îles ! Il défraya la chronique[28] à cause du mépris, et du manque de neutralité et d'impartialité qu'il montrait. Brigitte Chalopin, dont nous avons déjà évoqué la présence, s'est contentée de répondre à son collègue : « Rien de nouveau à l'Ouest », sans même relever l'atteinte grave aux règles et au Code de déontologie des commissaires enquêteurs commise par son confrère.

---

26. « 500 manifestants à Noirmoutier contre la centrale éolienne », in *Ouest-France*, 27 avril 2018.
27. Agnès Leclair, « À Noirmoutier, des antiéoliens taxés de "géraniums" », in *Le Figaro*, 7 mai 2018.
28. Simon Auffret, « Vendée : pour un commissaire enquêteur, des anti-éoliend ont un "QI qui n'est pas celui du géranium" », France 3 Pays-de-la-Loire, 7 mai 2018.

Le préfet et le président du tribunal administratif, contre toute attente, refusèrent d'annuler une enquête publique[29] qui se déroulait en totale contradiction avec le respect de l'avis de la population. Ils maintinrent dans ses fonctions le commissaire enquêteur incriminé qui ne fut pas radié. Cette décision est d'autant plus choquante que, lors d'une affaire proche, la cour de cassation avait annulé le jugement dans lequel un juge de proximité avait précisé que l'une des parties était « dotée d'un quotient intellectuel aussi restreint que la surface habitable de sa caravane ». La cour de cassation avait estimé que de tels propos étaient « des termes injurieux et manifestement incompatibles avec l'exigence d'impartialité[30] ».

À l'issue de l'enquête publique, l'opposition au projet a recueilli 76 %[31] des mille huit cent vingt contributions déposées lors des permanences et sur le registre dématérialisé concernant la centrale éolienne et le raccordement[32]. En supprimant les doublons et les interventions anonymes souvent favorables, l'opposition se situait plutôt aux alentours de 80 %. Malgré cette opposition massive et cette remise en cause de la validité de l'enquête publique, les cinq commissaires enquêteurs ont délivré un avis favorable à l'unanimité. Avec la signature, donc, de Jacques Turpin[33].

---

29. « Vendée. Les anti-éoliens Yeu-Noirmoutier veulent l'annulation de l'enquête publique », in *Ouest-France*, 17 mai 2018.

30. Cour de Cassation, Chambre civile 2, arrêt du 14 septembre 2006, n° 04-20.524, Publié au bulletin.

31. Alexandra Turcat, « Enquête publique sur les éoliennes Yeu-Noirmoutier : 76 % d'oppositions », in *Le Marin*, 17 août 2018.

32. Rapport enquête publique pour le projet de parc éolien entre Yeu et Noirmoutier et ses bases d'exploitation et de maintenance 13 août 2018, p. 65 et 66.

33. Mathilde Leclerc, « Éolien offshore en Vendée. Ce qu'il faut retenir du rapport de la commission d'enquête », in *Ouest-France*, 14 août 2018.

Considérée à l'époque comme emblématique par le magazine *Marianne*[34], cette affaire est l'illustration parfaite du déni de démocratie dans lequel se trouve la France en matière environnementale. Lorsque les citoyens expriment de manière forte et déterminée leur opposition, l'administration ne tient compte en rien de son opinion et de sa participation. Cette atteinte à la charte environnementale issue de la convention d'Aarhus, se retrouve, à quelques rares exceptions près, presque systématiquement dans les projets de centrales éoliennes. Mais également aussi dans le cadre de consultations publiques organisées par des institutions de l'État qui occultent sciemment le refus des éoliennes dans notre pays.

Des consultations publiques occultées

À lire les nombreux sondages commandés par les promoteurs éoliens en partenariat avec les instituts de sondages, les Français seraient très majoritairement favorables à l'installation d'éoliennes. En 2016, le syndicat de promoteurs éoliens France Énergie Éolienne relaya un sondage de l'Ifop qui concluait que 75 % de la population était favorable à l'éolien[35]. D'un autre sondage de 2018, réalisé par Harris Interactive et toujours avec le même syndicat de promoteurs éoliens, il ressort que 73 % des Français ont une « bonne image » de l'éolien.

34. Vladimir de GMELINE, « Vent mauvais sur l'éolien », reportage de *Marianne*, 28 septembre 2018, p. 94 à 99.
35. Sondage du 15 septembre 2015, Sondage Ifop avec France Énergie Éolienne : « L'éolien en question, étude d'opinion auprès des riverains de parcs éoliens, des élus et du grand public ».

Ce chiffre est même plus élevé (80 %) pour ceux qui vivent à proximité d'une éolienne[36].

Outre le fait qu'il faut prendre avec beaucoup de distance des sondages financés par des entreprises, on ne peut être que surpris du fossé entre les résultats de ces sondages et la très faible « acceptabilité sociale » de l'éolien sur les différents territoires. Ce rejet de l'éolien est d'ailleurs souligné dans de nombreux travaux et recherches[37] et inquiète beaucoup les pouvoirs publics.

Les habitants des communes rurales ou littorales ne veulent pas se faire imposer un changement de cadre de vie, le plus souvent perçu comme une décision technocratique déconnectée des considérations locales. « Ça vient de là-haut », peut-on entendre dans les villages. Le taux de recours juridiques contre les constructions d'éoliennes est ainsi passé en quelques années de 25 % à 70 %[38]. C'est donc le miroir inversé de l'acceptation des éoliennes « construite » par les promoteurs éoliens. 75 % des Français en ont une bonne image selon les promoteurs éoliens, mais 70 % des projets font l'objet d'un recours. Cherchez l'erreur.

36. Sondage Harris Interactive, avec France Énergie Éolienne, octobre 2018 « L'énergie éolienne, Comment les Français et les riverains de parcs éoliens la perçoivent-ils ? »

37. Livre collectif sous la direction de François Bafoil, *L'énergie éolienne en Europe. Conflits, démocratie, acceptabilité sociale*, Éditions Presses de Sciences Po, 18 février 2016 ; « Conflits autour de l'éolien et acceptabilité sociale en Europe », Séminaire du GRETS avec François Bafoil, directeur de recherche CNRS, CERI Sciences Po, 2 février 2016 ; Annaig Oiry, « Conflits et stratégies d'acceptabilité sociale autour des énergies marines renouvelables sur le littoral français », in *Vertigo*, Volume 15, Numéro 3, décembre 2015.

38. David Namias, « 7 projets de parcs éoliens sur 10 font l'objet d'un recours en France », in BFM, 4 août 2018.

Alors, comment comprendre les chiffres des sondages des promoteurs éoliens, eu égard à la résistance déterminée qui est menée dans tous les territoires de France, ce qui est régulièrement souligné par la presse nationale[39] ou locale[40] ? La résistance à l'éolien concerne l'ensemble du pays et, comme *Le Figaro* en fait le constat en août 2018, l'ensemble des classes sociales est concerné[41].

Désormais, ce qui n'a rien d'étonnant compte tenu du sentiment d'injustice que certains citoyens éprouvent, des actes plus graves de destruction de mâts de mesure[42], voire d'éoliennes[43] commencent à survenir en France. C'est plus d'une dizaine d'éoliennes qui ont été mises hors service par le feu. Ces actes, s'ils sont condamnables, doivent interpeller les pouvoirs publics. À l'Assemblée nationale, le président[44] d'une fédération anti-éoliennes a d'ailleurs averti les députés de l'émergence de cette radicalité[45]. Une politique écologique ne peut et ne doit pas se faire contre la population ni détruire son cadre

39. Denis FAINSILBER, « Vent de fronde contre l'éolien », in *Les Échos*, 26 mars 2018.

40. Reuters, « Vent de fronde contre les éoliennes dans les Charentes », in Médiapart, 27 mars 2019 ; AFP « En Aveyron, la résistance s'organise contre l'éolien industriel », in *20 Minutes*, 2 mai 2014.

41. Marie-Estelle PECH, « La fronde anti-éoliennes prend de l'ampleur », déjà cité.

42. « Vandalisée, une antenne de 120 mètres de haut s'écroule à Felluns », in *L'Indépendant*, 16 juin 2019.

43. AFP, « Deux nouvelles éoliennes prises pour cible dans la Drôme », in *Le Figaro*, 22 janvier 2019.

44. Jean-Louis BUTRÉ, Président de la FED (Fédération environnement durable), auteur du manuel militant pour les anti-éoliens français, *Éolien, une catastrophe silencieuse*, mars 2017, Édition L'artilleur.

45. Assemblée nationale, Mission d'information sur les freins à la transition énergétique, 17 janvier 2019, Séance de 9 heures 30, Compte rendu n° 12, Intervention de Jean Louis Butré, président de la Fédération environnement durable : « La colère elle existe, elle est explosive. Et je vous demande instamment de faire cesser cette pression. Sans ça c'est pas

de vie. Agir ainsi est le contraire de la prudence et du respect de l'environnement qu'implique l'écologie.

Fin 2018, en pleine crise des gilets jaunes, le CESE (Conseil économique, social et environnemental) avait ouvert une consultation sur plusieurs thèmes dont les questions de la transition écologique. À l'issue de trois semaines de consultation par Internet, parmi les neuf mille contributions déposées par les citoyens, « la fin des subventions à l'éolien » est celle qui avait recueilli le plus de suffrages avec trois mille votes[46]. Ironie du sort, un promoteur éolien avait également déposé une contribution, intitulée « Français pour l'éolien », contribution qui a atteint difficilement les vingt-cinq voix[47] alors qu'elle faisait explicitement référence au sondage Harris Interactive payé par France Énergie Éolienne affirmant que 80 % de la population y était favorable.

Certains médias mirent en relief cette très forte opposition à l'éolien[48], de même que le CESE qui, dans sa synthèse chiffrée, mentionna que l'abandon de l'énergie éolienne constituait les contributions parmi les plus votées de la catégorie « Transition écologique » avec près de neuf mille cinq cents votes[49] au total pour les

---

des gilets jaunes que vous allez avoir, vous allez avoir des contestations locales beaucoup plus violentes. »

46. *participez.lecese.fr/projects/avec-ou-sans-gilet-jaune-citoyennes-et-citoyens-exprimez-vous/collect/depot/proposals/fin-des-subventions-dans-leolien*

47. *participez.lecese.fr/projects/avec-ou-sans-gilet-jaune-citoyennes-et-citoyens-exprimez-vous/collect/depot/proposals/francais-pour-leolien*

48. Grégoire Noble, « Débat citoyen : la fin des subventions à l'éolien fortement suggérée », in *Batiactu*, 9 janvier 2019.

49. Cap collectif, Synthèse cartographique, Consultation « Avec ou sans gilet jaune, citoyennes et citoyens, exprimez-vous », page 87.

quatre-vingt-dix-neuf contributions sur le thème. Mais son avis[50], qui devait tirer des conséquences et prendre en compte les revendications exprimées, occulta totalement la première contribution concernant la transition écologique. Pas une seule fois il n'est fait référence dans l'avis du CESE à la plus importante requête des personnes s'étant exprimées sur la fin de la politique éolienne en France dans la catégorie « Transition écologique ». Les termes « éolienne » ou « éolien » n'ont même pas été utilisés dans l'avis final.

Cet exemple souligne parfaitement la crise de la démocratie environnementale que traverse notre pays. Contrairement aux sondages diffusés par les promoteurs éoliens, ce mode de production d'électricité ne crée pas l'unanimité. Dernièrement à l'Assemblée nationale, encore une fois, la contribution la plus votée dans le cadre d'une consultation organisée par une mission d'information sur les freins à la transition énergétique était la « Fin des éoliennes en France[51] ! ». Lors de sondages réalisés par des journaux, le refus de la politique éolienne arrive souvent en forte tête. Ainsi un sondage du *Figaro* du 7 février 2019 pose la question : « Faut-il continuer à développer l'éolien en France ? » Sur cinquante-six mille cent quarante-sept votants, 31 % veulent continuer tandis que 69 % souhaitent l'arrêt de l'éolien.

Il est intéressant de noter d'ailleurs que, lors de référendums locaux organisés pour accepter ou refuser une centrale éolienne, la population consultée refuse

50. « Fractures et transitions : réconcilier la France », Avis du Conseil économique, social et environnemental présenté par Michel Badré et Dominique Gillier, au nom de la commission temporaire, séance du mardi 12 mars 2019, NOR : CESL 1100006X.

51. Mickaël Fonton, « Éolien, clap de fin ? », in *Valeurs Actuelles*, 6 juin 2019.

systématiquement l'implantation. En Belgique, aux Honnelles, 76 % des personnes consultées avaient voté contre le projet d'éoliennes[52]. À Recht, la population a été consultée pour savoir si elle souhaitait la construction d'une autre centrale de cinq éoliennes sur la commune : 822 des 1 076 habitants ont participé au scrutin et 772 ont voté contre[53]. En France, dans le Jura, la commune de Cesancey a organisé un référendum dont le résultat a été sans appel : 83 % des électeurs se sont montrés hostiles au projet de centrale éolienne[54]. En France, afin d'éviter ces scores spectaculaires, certains préfets préfèrent refuser l'organisation de ces consultations considérant que l'autorisation d'exploiter relève de leur compétence, et non de celle du maire de la commune. C'est ainsi que la commune de Courcy, en Normandie, s'est vu interdire par le préfet l'organisation d'une telle consultation[55].

Dans les résultats des consultations populaires, on est bien loin des sondages des promoteurs éoliens. Il est même impossible de ne pas remarquer que les référendums organisés sur le sujet tournent autour d'un taux de 80 % de refus par les personnes consultées. On comprend mal pourquoi certains préfets préfèrent annuler ou refuser ce type de consultations citoyennes, qui remplaceraient opportunément les enquêtes publiques coûteuses et

52. « Référendum aux Honnelles : les habitants ne veulent pas d'éoliennes » RTBF, 7 avril 2013.

53. « La consultation populaire à Recht tourne à l'aigre pour les éoliennes », in *Védia*, 18 juin 2018.

54. Laurent Villette, « Consultation citoyenne à Cesancey : les habitants disent franchement non aux éoliennes », in *La Voix du Jura*, 13 mai 2019.

55. Robin Lange, « Courcy. Mon idée de référendum pour les éoliennes n'est pas possible », in *Ouest-France*, 19 avril 2019.

inutiles. Ces résultats remettent également en cause la position de la députée Marjolaine Meynier-Millefert, rapporteure de la commission d'enquête parlementaire sur les énergies renouvelables qui estimait que, si 20 % de la population s'exprimait pour les éoliennes dans le cadre d'une enquête publique avec une forte opposition, c'est que ceux qui ne s'étaient pas exprimés étaient favorables.

Ce mépris affiché de l'avis des habitants crée un réel fossé entre une population victime de cette industrialisation de la campagne ou de la mer et les édiles, dont le soutien inconditionnel devient souvent suspect d'autant qu'il se fait souvent avec le concours d'associations de défense de l'environnement parfois inféodées aux promoteurs éoliens.

6

Quand le vent se transforme en argent

Comme nous l'avons vu, les éoliennes nécessitent des matières toxiques et non recyclables, ne servent pas à diminuer les émissions de CO_2, peuvent avoir d'énormes conséquences sur la santé des humains et des animaux et rencontrent une réelle opposition. Il est alors légitime de se poser la question des raisons de leur multiplication.

La raison principale de l'invasion de turbines à travers le monde n'est pas l'urgence souvent proclamée de sauver la planète, mais plutôt celle d'accentuer les bénéfices colossaux des industriels du vent qui instrumentalisent les peurs par un marketing et une communication alarmiste. Elle a pour objectif prioritaire de justifier les engagements financiers considérables des États (et donc des contribuables) dans le domaine éolien. Derrière les discours apocalyptiques de la jeune militante Greta Thunberg se cachent en réalité les nombreux lobbys qui veulent bénéficier de la manne financière gigantesque du « capitalisme vert[1] ».

1. Isabelle Attard, « Le capitalisme vert utilise Greta Thunberg », in *Reporterre*, 9 février 2019.

Exonération d'impôts, subventions européennes[2], tarifs subventionnés[3], émission de certificats carbone[4], les acteurs de l'écolo-business profitent à tous les niveaux des leviers financiers et fiscaux prévus et organisés par les États qui veulent participer à la lutte contre le réchauffement climatique. Toutes ces sommes cumulées conduisent à un transfert financier considérable qui passe – par l'intermédiaire des États ou des producteurs d'électricité historiques comme EDF en France – des contribuables et des consommateurs directement sur les comptes des compagnies éoliennes dont les bénéficiaires économiques ne sont pas toujours bien connus ou sont parfois même des structures de type mafieux (voir chapitre 10). Ce racket à l'échelle planétaire fait que dans un premier temps les consommateurs et les contribuables vont, par petites touches, être prélevés par des impôts indirects[5]. Au début indolores – ils concernent la facture d'électricité ou d'essence –, ces impôts vont augmenter progressivement, jusqu'à devenir insupportables.

Afin de bien comprendre le mécanisme de financement des industriels du vent, il convient d'appréhender le mécanisme habituel de fixation du prix de l'électricité dans le marché d'échange mondial.

---

2. Camille DAGORNE, « L'éolien offshore en Europe : état des lieux, politiques, impacts » Mémoire de séminaire, université Lumière-Lyon 2, Institut d'études politiques de Lyon, p. 28 et suivantes.

3. Sylvain ARNULF, « Le tarif français de l'éolien remis en cause par la justice européenne », in *L'Usine Nouvelle*, 19 décembre 2013.

4. Cécile BORDIER, « Développement des énergies renouvelables : Quelle contribution du marché du carbone ? », in *Étude Climat*, rapport de la Caisse des dépôts et consignations, n° 16 décembre 2008.

5. CSPE (Contribution au service public de l'électricité) prélevée sur les factures d'électricité et TIPCE (taxe intérieure de consommation sur les produits énergétiques) prélevée sur le prix de l'essence à la pompe

La fixation du prix de l'électricité sur le marché normalisé

Le prix de gros[6] de l'électricité est fixé chaque jour par les échanges sur la bourse européenne de l'électricité, l'EPEXSPOT Stock Exchange[7]. Cette structure appartient notamment à différents gestionnaires de réseaux d'électricité comme RTE en France[8]. Ce prix de gros de l'électricité s'appelle le prix SPOT. C'est le prix d'échange par les différents producteurs d'électricité dans chaque pays. Le 5 juin 2019, par exemple, le prix SPOT était, à huit heures du matin, à quarante-cinq euros le mégawattheure en France, en Allemagne, au Luxembourg et en Suisse, mais était passé, à treize heures, à trente-six euros le mégawattheure pour la France, l'Allemagne et le Luxembourg et trente-quatre euros le mégawattheure pour la Suisse[9].

Le prix SPOT de l'électricité varie donc en Europe en fonction des besoins de la journée, avec, le plus souvent, un pic de prix le matin vers huit heures et un autre le soir après dix-neuf heures. En moyenne, sur une année, le prix SPOT a été fixé en France en 2017 à quarante-cinq euros le mégawattheure, trente-quatre euros le mégawattheure en Allemagne et vingt-sept euros le mégawattheure en Islande et Norvège[10].

---

6. Le prix de gros est à distinguer du prix de détail qui est celui facturé au consommateur, fixé par le prix de gros plus la marge du fournisseur d'électricité.

7. *epexspot.com*

8. Le capital de l'EPEXSPOT SE est divisé entre le groupe EEX (51 %), y inclus Powernext SA et HGRT (49 %), composé des gestionnaires de réseau de transport Amprion, APG, Elia, RTE, Swissgrid et Tennet.

9. *rte-france.com/fr/eco2mix/donnees-de-marche*, prix 5 juin 2019, 8 heures et 13 heures.

10. *bilan-electrique-2017.rte-france.com/marches/41-prix-de-marche/#*

Le prix de marché est donc le prix de transaction à un moment donné dans l'Union européenne, et il peut même parfois être négatif. Cela signifie que les producteurs d'électricité doivent payer pour éliminer leur électricité en excédent. Il existe donc des prix SPOT négatifs en cas de surproduction[11]. Par exemple, le 8 mai 2016, à seize heures, le prix était en France à -10,69 euros le mégawattheure et -76 euros le mégawattheure en Allemagne[12]. Ces prix négatifs restent rares cependant, car des systèmes d'alerte prévus par l'EPEXSPOT permettent aux producteurs de réagir et de diminuer en cas de besoin la production d'électricité.

Ce prix SPOT correspond au prix vendu par les producteurs d'électricité quel que soit le mode de production : nucléaire, centrales électriques au gaz, hydroélectricité, etc. Ce prix de gros évolue régulièrement sur le marché, mais en France il a évolué ces cinq dernières années dans le cadre d'une tendance de fourchette moyenne située *entre trente-cinq et quarante-cinq euros le mégawattheure*[13].

Dans ce système, l'éolien fait office d'exception car, à la différence des autres modes de production d'électricité dont le prix est fixé par le marché, son prix de rachat n'est pas fixé par le prix SPOT. Il est établi, en France ou dans d'autres pays et territoires, comme le Québec par exemple, par la loi dans le cadre d'un tarif subventionné.

---

11. Observatoire de l'industrie électrique, Fiche pédagogique « Les prix de l'électricité négatifs, mai 2017 » ou Claude Crampes et Stefan Ambec, « Des prix négatifs pour l'électricité », in *La Tribune,* 10 octobre 2017.

12. *rte-france.com/fr/eco2mix/donnees-de-marche,* prix 8 mai 2016 à 16 heures.

13. *bilan-electrique-2017.rte-france.com/marches/41-prix-de-marche/#*

En général, les fournisseurs historiques d'électricité (comme EDF[14] ou Hydro-Québec) se trouvent dans l'obligation de se porter acquéreurs d'électricité d'origine éolienne à un tarif supérieur à celui fixé par le prix SPOT. La différence entre le prix SPOT et le tarif subventionné sera alors répercutée sur la facture d'électricité des consommateurs, ou sur les impôts payés par les contribuables, et constituera pour le promoteur éolien en des profits supplémentaires.

De plus, les producteurs d'électricité dite « verte » ont la possibilité de bénéficier d'un « certificat vert » qu'ils peuvent revendre sur le marché des certificats carbone[15]. Ces certificats sont émis en fonction des mégawattheures produits par le producteur d'électricité d'origine éolienne[16], ce qui accroît la rentabilité de l'électricité subventionnée. Or, la plus grande opacité règne sur le fonctionnement du marché des certificats verts dans le domaine éolien, en particulier en France.

Les subventions de l'éolien sur terre

Les producteurs d'électricité d'origine éolienne vont donc non seulement bénéficier d'un tarif préférentiel de rachat de leur électricité, mais aussi d'une garantie d'achat à ce tarif pendant quinze ans.

En France, ce tarif de rachat préférentiel de l'électricité d'origine éolienne a été fixé par différents arrêtés du ministre de l'Écologie. En 2001, c'est le ministre

14. *www.edf-oa.fr/content/contrats-%C3%A9olien*

15. Marchés du carbone, ministère de la Transition écologique et solidaire, 5 décembre 2016, *ecologique-solidaire.gouv.fr/marches-du-carbone*

16. Électricité verte – Certificats EECS, Site Observ'ER, *energies-renouvelables.org/electricite_verte.asp*

Yves Cochet qui crée pour la première fois un tarif de rachat garanti fixé alors à 83,80 euros le mégawattheure[17]. Aujourd'hui, c'est l'arrêté[18] signé en 2014 par Ségolène Royal, alors ministre de l'Écologie, qui fixe les règles de rachat de l'électricité d'origine éolienne. Les contrats signés sont souscrits pour quinze ans et le tarif a été fixé à quatre-vingt-deux euros le mégawatt/heure pendant dix ans, puis entre vingt-huit et quatre-vingt-deux euros le mégawattheure pendant cinq ans en fonction de la durée de fonctionnement des centrales éoliennes[19].

Dès lors, pour calculer la subvention accordée au promoteur d'électricité d'origine éolienne, il faut faire la différence entre le tarif subventionné ainsi fixé par l'État et le prix SPOT du marché, situé en France entre trente-cinq euros et quarante-cinq euros le mégawattheure :

- pour la moyenne basse, on soustrait à nos quatre-vingt-deux euros trente-cinq euros, ce qui fait *quarante-sept euros* le mégawattheure ; pour la moyenne haute, on leur soustrait quarante-cinq euros, ce qui fait *trente-sept euros* le mégawattheure.

Les promoteurs éoliens sur terre bénéficient donc d'un tarif de rachat fixé en moyenne au double du prix de marché. La somme cumulée des subventions à l'éolien a été fixée dans un rapport de la commission

17. Arrêté du 8 juin 2001 fixant les conditions d'achat de l'électricité produite par les installations utilisant l'énergie mécanique du vent telles que visées à l'article 2 (2°) du décret n° 2000-1196 du 6 décembre 2000, *JORF* n° 143 du 22 juin 2001.
18. Arrêté du 17 juin 2014 fixant les conditions d'achat de l'électricité produite par les installations utilisant l'énergie mécanique du vent implantées à terre, *JORF* n° 0150 du 1er juillet 2014.
19. Ministère de la Transition écologique et solidaire, Éoliennes terrestres, Cadre réglementaire, 30 janvier 2017, *ecologique-solidaire.gouv.fr/eolien-terrestre*

des finances à l'Assemblée nationale à un montant de un milliard quatre cents millions d'euros en 2019[20]. Ce chiffre augmentera probablement avec le développement voulu des éoliennes en France, ce qui fait un total de subventions pour l'éolien terrestre, pour les seules vingt prochaines années, d'environ trente à quarante milliards d'euros. Ce calcul prend en compte la hausse de la production en raison des nouvelles installations d'éoliennes dont les objectifs ont été fixés par le plan pluriannuel de l'énergie[21].

Le collectif Énergie et vérité a ainsi calculé que, pour la seule journée du 14 mars 2019, le surcoût de l'électricité d'origine éolienne en France aura été de onze millions d'euros en reprenant ce même mode de calcul[22].

Ces subventions[23] sont financées soit par les consommateurs par une taxe prélevée sur la facture d'électricité des consommateurs – la CSPE (contribution au service public de l'électricité) qui permet à EDF de financer ce surcoût de l'électricité d'origine éolienne –, soit par l'augmentation d'impôts comme la TICPE (appelée plus communément taxe carbone) prélevée sur l'essence des automobilistes – cette contribution vient alimenter le CAS (compte d'affectation spéciale[24]). C'est justement

20. Mickaël FONTON, « Éolien, clap de fin ? », in *Valeurs Actuelles*, 6 juin 2019.

21. Assemblée nationale, Annexe 18 : Écologie, développement et mobilité rurale, du rapport fait au nom de la commission des finances, p. 38, rapporteur spécial, Julien Aubert, député.

22. *energieverte.com/post/production-%C3%A9eoliene-record-du-14-mars-la-date-%C3%A0-marquer-d-une-pierre-blanche-coute-11-millions*

23. Les subventions sont constituées par la différence entre le tarif de rachat réglementé et le prix SPOT de l'électricité.

24. Délibérations de la CRE (Commission de régulation de l'énergie), n° 2018-156 du 12 juillet 2018 relatives à l'évaluation des charges de service public de l'énergie pour 2018 et 2019, p. 5.

l'augmentation de ce dernier impôt qui a été le point de départ de la crise des gilets jaunes en France.

En cumulant le rapport de la cour des comptes française d'avril 2018[25] et la délibération de la CRE (Commission de régulation de l'énergie) de juillet 2018[26], on découvre que la somme totale des subventions de l'État accordée au titre des engagements passés pour les vingt prochaines années à la production d'électricité d'origine renouvelable représente *cent vingt milliards d'euros* (notamment pour l'éolien terrestre et le photovoltaïque) soit entre cinq milliards cinq cents millions et sept milliards d'euros par an pour les prochaines années.

Cela n'est pas passé inaperçu et de nombreux commentateurs se sont insurgés et ont contesté la justification du financement d'un tel montant par le contribuable et le consommateur[27]. Par ailleurs, la Cour des comptes a considéré que les dispositifs de soutien aux éoliennes étaient particulièrement coûteux et peu efficaces par rapport à l'objectif recherché, c'est-à-dire la baisse des émissions de CO_2[28].

Par ailleurs, EDF n'est pas en mesure de compenser intégralement le manque à gagner dû au rachat de l'électricité à un prix deux fois supérieur au marché par la fameuse CSPE payée par les contribuables. L'État est obligé de venir à son secours en lui remboursant

25. Rapport de la cour des comptes, « Le soutien aux énergies renouvelables ». Communication à la commission des finances du Sénat, mars 2018.
26. Délibérations de la CRE (Commission de régulation de l'énergie) n° 2017-169 du 13 juillet 2017 et n° 2018-156 du 12 juillet 2018 relatives à l'évaluation des charges de service public de l'énergie pour 2018 et 2019.
27. Sylvestre Huet, « La Cour des comptes alerte sur les ENR », in *Le Monde*, Blog *Science2*, 19 avril 2018.
28. Michel Revol, « Énergies renouvelables : la charge sévère de la Cour des comptes », in *Le Point Économie*, 18 avril 2018.

le surplus de subvention qu'EDF a versé aux promoteurs éoliens. C'est ainsi qu'en 2013, l'État a versé cinq milliards d'euros à EDF[29] au titre du financement des énergies renouvelables.

Depuis 2013, la CSPE n'ayant pas suffi à acquitter le manque à gagner des subventions payées notamment aux promoteurs éoliens, l'État se voit encore avec une charge supplémentaire de neuf milliards d'euros à rembourser à EDF[30]. Les engagements dus au titre des énergies renouvelables, dont les éoliennes, s'élèvent donc à cent vingt milliards d'euros auxquels s'ajoutent ces neuf milliards, soit près de cent trente milliards d'euros à la charge du contribuable et du consommateur.

Mais le pire reste à venir avec les subventions prévues dans le cadre des six centrales éoliennes en mer envisagées au bord du littoral depuis les appels d'offres de 2011 et 2013.

Les subventions de l'éolien en mer

En effet, le gouvernement a pour projet d'implanter sur le littoral six centrales d'environ quatre cents éoliennes entre Dieppe et Le Tréport sur la Manche et les îles d'Yeu et de Noirmoutier sur l'Atlantique[31].

La question du tarif de rachat de l'électricité de ces éoliennes en mer est au cœur des enjeux politiques liés

29. « L'État va rembourser à EDF 5 milliards d'euros », in *L'Express*, 14 janvier 2013.

30. Délibération n° 2018-156 du 12 juillet 2018 relative à l'évaluation des charges de service public de l'énergie pour 2018 et 2019, p. 2.

31. Situées à Yeu-Noirmoutier (Vendée), à Courseulles-sur-Mer (Calvados), Fécamp (Seine-Maritime), à Saint-Nazaire (Loire-Atlantique), au Tréport (Seine-Maritime), et à Saint-Brieuc (Côtes-d'Armor).

à la transition écologique. Le tarif initial de rachat pour les six projets de centrales éoliennes des appels d'offres de 2011 et 2013, a été fixé initialement à une moyenne de deux cent vingt euros le mégawattheure[32]. On peut le comparer au prix SPOT qui se situe en France entre trente-cinq et quarante-cinq euros le mégawattheure[33] : cela revenait donc alors à une subvention d'environ cent quatre-vingts euros par mégawattheure produit.

La production annuelle prévisionnelle estimée par les promoteurs[34] de ces six centrales éoliennes est de douze térawattheures en se basant sur un chiffre de deux millions mégawattheures par centrale. La subvention envisagée alors par an pour ces six centrales en mer était donc de : douze térawattheures que multiplient cent quatre-vingts euros le mégawattheure, soit 2,16 milliards d'euros. Soit environ quarante-trois milliards d'euros sur vingt ans !

Ce chiffre, calculé à partir des données publiques collectées, chiffre que nous avions divulgué à ce moment-là, a été confirmé par la CRE (Commission de régulation de l'énergie) en 2017. Dans sa délibération[35] du 13 juillet 2017 relative à l'évaluation des charges de service public de l'énergie pour 2018, la CRE évalue à quarante milliards sept cents millions d'euros les charges engendrées par les appels d'offres des six centrales éoliennes en mer, soit un montant proche du montant calculé ci-dessus en partant des éléments des consortiums

32. Luc Lenoir, « Éoliennes dans l'Atlantique et dans la Manche : une facture salée pour le contribuable français », *Le Figaro*, 2 octobre 2017.
33. *bilan-electrique-2017.rte-france.com/marches/41-prix-de-marche/#*
34. *dieppe-le-treport.eoliennes-mer.fr/photomontages/presentation.html*
35. Délibération de la Commission de régulation de l'énergie du 13 juillet 2017 relative à l'évaluation des charges de service public de l'énergie pour 2018, p. 3.

industriels. Le montant de quarante milliards d'euros de subventions sur vingt ans a été d'ailleurs unanimement confirmé, certains adoptant des fourchettes plus ou moins fortes[36].

La raison invoquée par le gouvernement et le ministère de l'Écologie pour justifier l'attribution de ce tarif quatre à cinq fois supérieur au prix SPOT était la création d'une filière industrielle française de l'éolien en mer. Mais compte tenu de la vente de fleurons industriels comme Alstom ou Areva ER, il est établi aujourd'hui qu'aucun acteur industriel français ne participera à la construction de ces centrales éoliennes[37]...

Conscient de la gabegie financière que représentaient ces sommes considérables, le gouvernement a finalement été contraint de déposer au Sénat le 8 mars 2018 un amendement[38] à l'article 34 de la loi pour une société de confiance afin de permettre une renégociation des tarifs de rachat des six centrales éoliennes en mer, avec comme option une possible annulation de ces centrales si le tarif envisagé par les industriels n'était pas suffisamment bas.

Le gouvernement souhaitait dès l'origine de la renégociation des baisses de prix très significatives aux alentours de quatre-vingts euros le mégawattheure[39]. Il semblerait, de source ministérielle, que la feuille de route des négociateurs visait un prix situé entre quatre-vingts et cent euros le mégawattheure, ce qui laissait du

36. Benjamin FRÉMAUX, « Le coût exorbitant de l'éolien offshore français », in *Les Échos*, 5 février 2018.

37. Dominique PIALOT, « Éolien offshore : la France à la croisée des chemins », in *La Tribune*, 28 février 2018.

38. *senat.fr/amendements/2017-2018/330/Amdt_53.html*

39. Ludovic DUPIN avec AFP, « Éolien offshore : le gouvernement veut une baisse "très significative" des tarifs de rachat de l'électricité », in *Novetich*, 17 avril 2018.

reste une marge toujours importante pour les promoteurs d'éolien marin.

Sans attendre la dernière lecture de l'amendement de renégociation, Emmanuel Macron devait finalement annoncer le 20 juin 2018 une renégociation tarifaire à cent cinquante euros le mégawattheure[40]… hors raccordement, désormais à la charge de l'État. Le coût du raccordement peut représenter de vingt à trente euros le mégawattheure[41], si bien que, à périmètre constant, le prix de rachat proposé par l'État pour ces six centrales éoliennes en mer est donc situé en moyenne aux alentours de cent soixante-quinze euros le mégawattheure. Cette dépense sera évidemment financée par la collectivité et le consommateur au travers des TURPE (Tarifs d'utilisation des réseaux publics d'électricité[42]). Le président de la République a occulté dans son annonce ce coût du raccordement, ce que l'on peut considérer comme un véritable tour de passe-passe[43].

Si l'on utilise le chiffre prévisionnel de production, la subvention totale fixée avec le nouveau tarif voulu par le président est donc de cent trente euros que multiplient nos douze térawattheures, soit un milliard cinq cent soixante millions d'euros par an, soit un total d'environ

40. Romain Chicheportiche, « Éolien en mer : Macron confirme les six parcs, un tarif de 150 €/MWh évoqué », in *greenunivers.com*, 20 juin 2018.

41. *energie.sia-partners.com/20170320/leolien-en-mer-francais-peut-il-suivre-la-dynamique-europeenne-lancee*

42. Délibération n° 2018-227 de la Commission de régulation de l'énergie du 8 novembre 2018 portant approbation du modèle de conditions particulières relatives à la « Réalisation et financement des ouvrages de raccordement ».

43. Michel Gay, « Éolien en mer : le tour de passe-passe de Macron », in *Contrepoint*, 17 décembre 2018.

trente et un milliards d'euros sur vingt ans (raccordement compris).

Avec cette négociation, on est donc passé d'une subvention annuelle de quarante milliards d'euros à trente et un milliards d'euros toujours à la charge du consommateur et du contribuable. La commission de régulation de l'électricité, dans le courrier qu'elle a fait parvenir à la commission des finances pour son rapport sur le coût de l'éolien, précise que le montant des subventions des six centrales éoliennes en mer est désormais d'environ vingt-deux milliards d'euros, mais ajoute que ce chiffre ne prend pas en compte le coût du raccordement. Si on prend en compte un coût moyen de vingt-cinq euros le mégawattheure, notre estimation de trente et un milliards d'euros de subvention pour les six centrales éoliennes en mer se rapproche de celle de la Commission de régulation de l'énergie dans son rapport de mai 2019 à l'Assemblée nationale[44].

Maintenir le montant astronomique de cent cinquante euros le mégawattheure (hors raccordement) et environ cent soixante-quinze euros le mégawattheure avec le raccordement sans justificatif et sans création d'une filière industrielle française constitue un véritable gaspillage d'argent public.

Cette situation est d'autant plus grave que dans beaucoup d'autres pays le tarif de rachat de l'électricité en mer ne se situe plus du tout à ce niveau. On retiendra comme exemple le prix obtenu après appel d'offres par le consortium composé de la société EDP (groupe sino-portugais) et Engie en Grande-Bretagne. Ce consortium

44. Assemblée nationale, Annexe 18 : Écologie, développement et mobilité rurale, du rapport fait au nom de la commission des finances, p. 37 et 38 + annexe courrier de la CRE du 23 mai 2019, rapporteur spécial, Julien Aubert, député.

a obtenu en 2017 une concession du ministère de l'Énergie britannique au prix de 57,50 livres sterling, soit à l'époque 63,10 euros le mégawattheure. Dans le même temps, le danois Dong Energy a obtenu la construction d'une centrale éolienne en mer à quatre-vingt-neuf kilomètres des côtes du Yorkshire pour le même prix[45]. À noter, le même consortium Engie et EDP est attributaire des deux centrales éoliennes entre Yeu et Noirmoutier et au large de Dieppe et du Tréport dont le montant du rachat de l'énergie est de près de cent soixante euros le mégawattheure (raccordement compris[46]).

Depuis quelques années, on assite à une véritable guerre financière dans le secteur de l'éolien en mer, y compris pour des centrales très éloignées des côtes avec des prix situés entre quarante-neuf et cinquante-quatre euros le mégawattheure[47]. Il est absolument incontestable que le marché de l'éolien en mer a connu une baisse des coûts très importante dans toute l'Europe et qu'il est aujourd'hui à maturité. Ses prix ne nécessitent plus de subventions publiques puisqu'ils se rapprochent notablement des prix SPOT observés sur le marché de l'électricité du brut. En France, la centrale éolienne située au large de Dunkerque a été attribuée à EDF à un tarif de rachat inférieur à quarante-cinq euros le mégawattheure[48]. Le tarif obtenu par le consortium

45. Rédaction, « L'éolien en mer a le vent en poupe en Europe », in *Le Monde de l'énergie*, 20 septembre 2017.
46. Notification d'aides d'État de la Commission européenne signée par Margrethe Vestager à l'attention de Jean-Yves Le Drian, ministre des Affaires étrangères, Bruxelles, le 26 juillet 2019, C (2019) 5498 final, p. 6.
47. Brigitte Bornemann, « La guerre des prix sur le marché de l'éolien offshore européen », in *Le Monde de l'énergie*, 20 mars 2018.
48. Véronique le Billon, « Rugy : Réformer le tarif de l'électricité ne se fait pas en claquant des doigts », in *Les Échos*, 18 juin 2019.

porté par EDF se rapproche donc très clairement d'un niveau proche du prix SPOT habituel (voir *infra* pour le prix SPOT 2017).

Dans ces conditions, il devient difficile pour le gouvernement français de justifier un prix de rachat situé entre cent soixante et cent soixante-quinze euros le mégawattheure (raccordement compris) pour les centrales éoliennes en mer des premiers appels d'offre. Si la commission européenne a bien validé ce tarif de rachat en juillet 2019 pour les deux premiers appels d'offre[49], le maintien de ce niveau de tarif de rachat est d'ailleurs insensé et va faire d'ailleurs l'objet d'un recours auprès des juridictions européennes. Pourquoi la France gaspillerait-elle son argent afin d'alimenter les profits des énergéticiens éoliens ? Et ceci au détriment de la facture d'électricité ou d'essence qui ne cesse d'augmenter pour cette seule raison ? Le député Julien Aubert a eu à cet égard l'occasion de rappeler cette incohérence lors de la remise de son rapport à la commission des finances[50].

Ceci est d'autant plus grave qu'aujourd'hui une partie des six centrales éoliennes prévues au bord du littoral français sont contrôlées par des sociétés de capitaux étrangers, européens ou non. Ainsi a-t-on appris le 18 décembre 2018[51] que le consortium qui porte le projet de centrale éolienne entre l'île d'Yeu et Noirmoutier[52]

49. Sophie FABRÉGAT, « Éolien en mer : la Commission européenne approuve les aides pour les six premiers parcs français », in *Actu-Environnement*, 29 juillet 2019.

50. Entretien avec Julien Aubert : « Comme le montre le fiasco financier des éoliennes, nous avons besoin de moins de vert et plus d'écologie », in *Atlantico*, 8 juin 2019.

51. Communiqué, « Engie et EDPR s'allie avec Sumitomo Corporation pour développer leur projet d'éolien en mer », 18 décembre 2018.

52. Engie (47 %), EDP Renewables (43 %) et Groupe Caisse des dépôts (10 %). Source : site de la société EMYN.

ainsi que celui du Tréport est aujourd'hui contrôlé par un consortium sino-japonais à hauteur de 60 %. Engie, actionnaire historique de ces deux projets, a récemment cédé une participation significative de ses actions à un nouvel associé, un groupe japonais « Sumitomo Corporation », qui venait rejoindre un groupe chinois[53].

Le coût des éoliennes pour les États

Si on additionne les engagements pris dans l'éolien sur terre et de l'éolien en mer envisagé pour les vingt prochaines années, le coût *a minima* de ces dernières pour la France serait donc d'environ trente à quarante milliards pour l'éolien terrestre et trente et un milliards d'euros pour l'éolien maritime, soit un total d'engagement de l'ordre de soixante à soixante-dix milliards au total. À ce chiffre, il convient d'ajouter les neuf milliards d'euros de charges de l'État français à l'égard d'EDF, soit un total d'engagement dans les éoliennes terrestres et marines de soixante-dix à quatre-vingts milliards d'euros. En ajoutant les subventions à la filière photovoltaïque, les engagements financiers pour les énergies renouvelables de la transition écologique se montent aux alentours de cent soixante milliards d'euros sur vingt ans, chiffre qui n'a jamais été démenti par les autorités.

Partout dans le monde, on assiste à ce déploiement inconsidéré de subventions dans l'éolien alimenté par l'angoisse créée par le réchauffement climatique. Au Québec, la presse annonce aussi des chiffres de

53. Actionnaire de la centrale éolienne entre Yeu et Noirmoutier et de Dieppe Le Tréport, Sumitomo Corporation (Japon) 29,5 %, EDPR – Les Trois Gorges (Chine) 29,5 %, Engie (France) 31 %, Caisse des dépôts et consignations (France) 10 %.

subventions importantes. L'achat d'énergie d'origine éolienne aurait coûté entre 2009 et 2016 près de deux milliards et demi de dollars canadiens (soit environ un milliard et demi d'euros) au contribuable québécois. Le gouvernement veut obliger la société d'État d'électricité Hydro-Québec à acquérir l'électricité d'origine éolienne pour un montant d'un milliard et demi de dollars canadiens (soit près d'un milliard d'euros) pour les prochaines années alors que la production électrique est largement excédentaire[54]. Dans le cadre d'un audit des comptes de la société Hydro-Québec, la vérificatrice générale du Québec, Guylaine Leclerc, a constaté que les Québécois payaient trois fois plus cher l'électricité provenant d'autres sources d'énergie que les grands barrages hydroélectriques. Son rapport a dévoilé quatre milliards de dollars de surcoût[55] d'origine éolienne, celle-ci étant trois fois plus chère que l'électricité hydraulique. Au Québec aussi, cette surfacturation suscite l'incompréhension.

En Allemagne, la transition écologique – largement basée sur l'installation d'éoliennes sur le territoire – est une véritable catastrophe financière. Le coût astronomique de l'*Energiewende* pour les contribuables associés aux résultats catastrophiques en termes d'émission des gaz à effet de serre conduit à un échec retentissant[56]. La cour fédérale des comptes a ainsi évalué le coût de la transition énergétique à cent soixante milliards d'euros pour les seules cinq dernières années, soit environ trente milliards d'euros par an. Kay Schelle, son président,

54. Pierre Couture, « Nouvelle facture de 1,5 milliard pour l'énergie éolienne », in *Le Journal de Québec*, 10 mai 2018.
55. « Le prix de l'éolien à l'origine des quatre milliards de dollars payés en trop à Hydro-Québec », Radio Canada, 11 mai 2018.
56. « Murks in Germany », in *Der Speigel*, 4 mai 2019.

a déclaré publiquement que ces investissements avaient été totalement disproportionnés alors que les émissions de carbone n'ont presque pas baissé malgré cette politique coûteuse[57] (voir chapitre 2). La multiplication des lignes à haute tension, les déstabilisations du réseau électrique dues à cette politique éolienne ont conduit à une désorganisation complète du réseau électrique. L'Allemagne est au bord d'un « *burn out* électrique ». Le coût total de cette transformation liée en partie au déploiement des éoliennes se monte à environ cinq cents milliards d'euros d'ici 2025, montant intégralement à la charge du contribuable allemand et des consommateurs[58] par une augmentation importante de leurs factures d'électricité[59]. Présentée comme l'exemple à suivre de la transition écologique, la politique énergétique allemande par l'installation d'éoliennes est en fait un échec retentissant.

57. *Ibid.*
58. Philippe Manière, « Transition énergétique allemande : le fantasme fait place à la gueule de bois », in *Challenges*, 11 mai 2019.
59. Nicolas Lecaussin & Jean-Baptiste Boone, « Le kWh est deux fois plus cher en Allemagne qu'en France », in *IREF*, 20 novembre 2017.

7

Menaces sur l'emploi et le tourisme

Les promoteurs éoliens communiquent souvent de façon tonitruante sur les emplois créés par l'installation des éoliennes[1]. À les entendre, le développement de la filière serait un rempart contre le chômage et une voie de développement économique incomparable, promettant des milliers, voire des dizaines de milliers d'emplois[2]. Selon les chiffres de leurs syndicats, la filière éolienne représenterait en 2017 en France environ dix-sept mille emplois (directs ou indirects) avec mille deux cents nouveaux emplois créés dans l'année[3].

D'autre part, lorsque des pays envisagent une restriction des subventions, voire un arrêt des financements de l'éolien, les lobbyistes font du chantage

1. *fee.asso.fr/economie-et-emplois/leolien-une-energie-qui-cree-des-emplois-tous-les-jours/*

2. Frédéric de Monicault, « L'éolien crée quatre emplois par jour en France », in *Le Figaro*, 17 octobre 2018.

3. France Énergie Éolienne et BearingPoint, « Observatoire de l'éolien 2018. Analyse du marché, des emplois et du futur de l'éolien en France », p. 12.

à l'activité économique et à l'emploi[4]. Or les emplois créés par la filière éolienne ne sont pas l'expression de l'essor d'une activité classique, mais bien des emplois sous perfusion d'argent public.

En France, on peut mettre en relation directe les dix-sept mille emplois de la filière éolienne avec le milliard quatre cents millions d'euros de subventions publiques[5] qui lui sont versées chaque année[6] (voir chapitre 6). Chaque emploi créé dans le domaine de l'éolien coûte à la collectivité nationale quatre-vingt-deux mille euros par emploi et par an[7]. On est donc loin d'une activité économique pérenne qui s'autofinance par une activité rentable et arrivée, selon les propres mots des promoteurs éoliens, à maturité[8].

Logiquement, en Allemagne, la fin des subventions dans l'éolien depuis 2017 a conduit à d'importantes suppressions de postes dans ce secteur d'activité[9]. Cela fait déjà des années que des observateurs annoncent l'effondrement du système de subventions dans l'éolien en particulier dans ce pays[10], mais cette fois-ci la décroissance s'accélère. Preuve s'il en est que le marché de l'éolien est totalement artificiel et ne fonctionne que

4. Violette Bonnebas « La baisse des subventions menace l'emploi dans l'industrie éolienne outre-Rhin », in *Le Figaro*, 24 août 2018.
5. Mickaël Fonton, « Éolien, clap de fin ? », in *Valeurs Actuelles*, 6 juin 2019.
6. Assemblée nationale, Annexe 18 : Écologie, développement et mobilité rurale, du rapport fait au nom de la commission des finances, p. 38, rapporteur spécial, Julien Aubert, député.
7. Simone Wapler, « Éoliennes : le vent mauvais des subventions », in *Contrepoints*, 22 août 2016.
8. « En France, l'éolien est à maturité », in *Reporterre*, 24 novembre 2009.
9. Pauline Houédé, « Éolien : suppressions d'emplois en vue en Allemagne », in *Les Échos*, 6 août 2018.
10. Ludovic Grangeon, « L'effondrement du secteur éolien s'accélère », in *Economie Matin*, 12 août 2015.

sur la base d'une bulle financière intégralement créée par l'apport d'argent public.

Le développement de l'éolien en mer dans l'Hexagone en est une illustration édifiante. Revenons au projet de six centrales en mer sur le littoral envisagées depuis 2011 et 2013. Le Syndicat des énergies renouvelables (SER) a estimé à quinze mille le nombre d'emplois créés en France pour leur développement depuis l'annonce en 2018 du maintien de ces projets très contestés[11]. Si l'on prend en considération ces chiffres, qui semblent totalement exagérés, sur vingt ans les six centrales éoliennes en mer qui coûteront près de trente milliards d'euros (raccordement compris) [voir chapitre 6] de subventions publiques, cela représente environ deux millions d'euros par emploi sur vingt ans.

Le président de l'ADEME, Arnaud Leroy, a été amené à réviser, voire à modérer la communication sur les emplois créés dans l'éolien[12]. Il avoue ainsi qu'« il reconnaît aussi des erreurs de communication par le passé, et une attitude spéculative sur la création d'emplois, notamment dans l'éolien et le solaire ». C'est le moins qu'on puisse dire, lorsqu'on sait qu'une grande partie de l'activité éolienne est en réalité délocalisée. La France ne dispose d'aucun grand fabricant d'éoliennes, les projets de chaînes de production prévues au Havre dans le cadre des éoliennes en mer ne sont en réalité qu'une délocalisation par Siemens[13] de la production des éoliennes conçues et élaborées en Allemagne.

---

11. Joël Spaes, « Éolien offshore : une industrie dynamisée et des emplois libérés », in *Énergies de la Mer*, 22 juin 2018.
12. Dominique Pialot, « Des centaines de milliers d'emplois "verts" : mythe ou réalité ? », in *La Tribune*, 30 novembre 2018.
13. Dominique Pialot, « Éolien offshore français : Siemens Gamesa confirme l'ouverture d'une usine au Havre », in *La Tribune*, 25 février 2019.

En outre, une fois les éoliennes construites et installées, des centres de surveillance délocalisés[14] assurent le contrôle et leur bon fonctionnement par un ensemble d'informations transmises par des capteurs installés sur celles-ci[15]. Les contrôleurs des éoliennes sont donc installés dans des centres de surveillance derrière des écrans d'ordinateurs. Ces centres peuvent être délocalisés à l'étranger. En cas de survenance d'un souci dans le fonctionnement d'une éolienne, ces opérateurs sollicitent un technicien de maintenance[16] qui se rend sur place, technicien qui peut d'ailleurs être hébergé à des centaines de kilomètres de l'éolienne défectueuse. Il n'est donc pas logé dans les villages de localisation des centrales éoliennes, mais plutôt dans des lieux qui permettent un déploiement rapide auprès de celles dont il a la gestion. Cette fonction est d'ailleurs parfois sous-traitée par les propriétaires de centrales éoliennes à des sociétés spécialisées dans leur maintenance.

Une fois construites, les éoliennes nécessitent donc peu d'emplois, hormis ceux du contrôle et de la maintenance. Si bien que ces dernières ne créent que très peu d'emplois locaux, contrairement à que suppose la communication des promoteurs éoliens. Certes, il existe parfois dans certains villages ou pour les éoliennes en mer des missions de gardiennage d'éoliennes, mais c'est souvent un métier exercé en complément d'une autre profession. Les élus se font souvent des illusions sur les

14. Marie-Jo Sader, « Contrôle à distance des parcs éoliens : un moyen efficace pour accroître leur performance », in *Actu-Environnement*, 7 mai 2013.
15. *https://www.hbm.com/fr/6948/des-solutions-de-surveillance-eoliennes-adaptees-a-vos-besoins/*
16. *https://www.ouestfrance-emploi.com/metiers/technicien-maintenance-eolienne*

conséquences en matière d'emplois lors de la création d'une centrale éolienne sur terre ou en mer. Une fois installée, en général par des sociétés spécialisées sous-traitantes étrangères, elle ne nécessite qu'une très faible implication des acteurs locaux. La perspective de la création d'emplois n'est qu'un miroir aux alouettes.

Pour remédier à ce déficit d'emplois locaux créés, les promoteurs éoliens ont inventé un nouveau concept : le tourisme éolien[17]. Pas d'inquiétude, selon eux : les emplois pourront être générés par de nouvelles activités touristiques comme la visite de centrales éoliennes terrestres[18] ou marines. En mer, affirment-ils, les pêcheurs pourraient ainsi se reconvertir dans des sociétés touristiques de visite d'éoliennes, tandis que, sur terre, les parcs éoliens deviendront de nouveaux parcs d'attractions. Tout cela n'est malheureusement que de la poudre aux yeux, inventée par les communicants des sociétés éoliennes qui veulent coûte que coûte industrialiser la campagne ou la mer, au risque d'en détruire le tissu socio-économique – qui vit d'activités économiques artisanales – appelé à être remplacé par ces nouveaux arrivants. Une industrie polluante et subventionnée veut se substituer à des activités économiques équilibrées comme la pêche, pourvoyeuse d'emplois stables, non subventionnés et souvent vertueux écologiquement.

Des risques de perte d'activité et d'emplois

L'industrialisation des littoraux en est l'exemple parfait. Si l'installation d'éoliennes très éloignées des

17. Nicolas TOTET, « Au Pays du Coquelicot, l'éolien devient un atout touristique », in *Le courrier Picard*, 10 juillet 2019.
18. « Tourisme éolien : s'approprier le patrimoine moderne », in *La Montagne*, 15 février 2016.

côtes a un impact plus limité, les projets prévus au bord du littoral français ou américain soulèvent l'inquiétude des acteurs de la pêche et du monde de la transformation agroalimentaire. Des deux côtés de l'Atlantique, les pêcheurs se battent contre l'installation d'éoliennes situées dans leurs zones de pêche ou dans les frayères, zone de reproduction des poissons.

Il faut dire que les industriels du vent procèdent d'une manière assez expéditive, et avec la complicité des États. Le principe est simple : les États imposent des éoliennes dans les zones de pêche, et les pêcheurs n'ont que leurs yeux pour pleurer. Leur perte d'activité est liée, d'une part, à l'impossibilité de pêcher dans les zones d'implantation des éoliennes (par exemple, la zone d'implantation de la centrale éolienne prévue au large de Dieppe-Le Tréport représente une surface totale de quatre-vingts kilomètres carrés) et, d'autre part, à la diminution du nombre de poissons dans les zones environnantes, éloignés par les bruits marins qu'elles provoquent avec un impact possible jusqu'à cinquante kilomètres de la zone (voir chapitre 4). À eux seuls, les travaux d'essai de fixation des pieux d'éoliennes au large du Tréport ont déjà entraîné une baisse importante du nombre de poissons, mollusques et crustacés. Un pêcheur de ce secteur évoque une baisse de moitié de sa pêche. Là où il réalisait une prise d'une tonne toutes les vingt-quatre heures, il en était sur la même période à cinq cents kilogrammes au moment des essais[19].

Il faut souligner par exemple l'important travail des pêcheurs de coquilles Saint-Jacques. Ils contrôlent leur pêche pour en permettre une meilleure reproduction et la préservation des écosystèmes. Les pêcheurs

19. Halima Najibi, « Éolien offshore Dieppe Le Tréport : la plate-forme de forage a fait fuir le poisson », in *France 3*, 6 novembre 2018.

traditionnels de petits bateaux de dix à douze mètres qui interviennent à moins de vingt milles des côtes, jouent un rôle certain dans l'équilibre de la biodiversité et ont à cœur de proposer des produits sains et de qualité. La disparition de l'activité de pêche dans certains secteurs marins ou la baisse d'activité peuvent avoir des conséquences importantes sur leurs emplois. Aussi, face aux prétendus emplois créés dans les activités éoliennes, le gouvernement doit prendre en considération les pertes d'emplois causées par la diminution ou l'arrêt d'activité de la pêche traditionnelle, conséquence dramatique de l'installation de ces éoliennes.

Quelques chiffres pour illustrer notre propos. Les métiers de la pêche sont particulièrement sensibles aux évolutions tant les contraintes sont élevées. Aujourd'hui, les quotas, les zonages, les dispositions européennes, la réglementation en matière de pêche précarisent l'activité des pêcheurs. Interdire l'accès à quatre cent quatre-vingts kilomètres carrés de mer, c'est-à dire la surface cumulée des six centrales éoliennes françaises dont nous parlions, c'est diminuer drastiquement les capacités de pêche. Cette baisse ou perte d'activité conduit inéluctablement à la disparition d'emplois en mer et à celle de trois à quatre emplois sur terre par emploi perdu en mer[20]. Lorsqu'un bateau disparaît, c'est quatre à cinq emplois de marins-pêcheurs qui disparaissent pour l'activité en mer, et c'est entre douze et vingt emplois sur terre pour les activités qui en dépendent. La perte d'activité d'un petit bateau traditionnel de pêche conduit donc à la disparition d'environ vingt-cinq emplois à elle seule. Au Tréport, le maire Laurent Jacques évalue à deux cent

20. comite-peches.fr/les-pecheurs/emploi-a-la-peche/

cinquante le nombre d'emplois en mer menacés auxquels il faut bien sûr ajouter les emplois induits[21].

Ces aspects ont été évoqués en France en juin 2019 lors de la commission d'enquête parlementaire ouverte à l'Assemblée nationale sur les impacts des éoliennes sur les activités économiques. Trois représentants des pêcheurs de l'Atlantique et de la Manche accompagnés d'un représentant d'une conserverie de sardines ont pu présenter aux députés les dangers pour l'activité et les emplois de l'implantation des six centrales éoliennes prévues au bord des côtes françaises[22]. Lors de son intervention, Sylvain Gallais, artisan pêcheur à Noirmoutier, a même précisé[23] :

> *Menacer la pêche côtière dans notre région, c'est menacer environ quatre-vingts emplois locaux existants et permanents. La pêche, sur nos îles, c'est un métier qui se transmet de père en fils depuis des générations. Il n'y a pas une famille de la région qui n'ait pas de pêcheurs : c'est l'histoire de nos îles, son patrimoine, notre Notre-Dame à nous. Ce sont les ports de pêche, les petites maisons de pêcheurs, les produits frais de la pêche consommés sur place qui font venir les touristes, qui risquent de partir avec nous si ces projets voient le jour.*

21. Halima Najibi, « Éolien offshore Dieppe Le Tréport : la plateforme de forage a fait fuir le poisson » *op. cit.*

22. Assemblée nationale, Commission d'enquête sur l'impact économique, industriel et environnemental des énergies renouvelables, sur la transparence des financements et sur l'acceptabilité sociale des politiques de transition énergétique, jeudi 20 juin 2019, Séance de 10 heures 30, Compte rendu n° 47, audition de de MM. Olivier Becquet, Julien Trehorel et Sylvain Gallais, artisans pêcheurs, de M. Philippe Gendreau, entrepreneur en conserverie.

23. *Ibid.*, audition de Sylvain Gallais, artisan pêcheur.

L'économie de la pêche est effectivement fortement menacée, à Noirmoutier, à l'île d'Yeu et à Saint-Gilles-Croix-de-Vie, par deux centrales éoliennes en projet. De la première nous avons déjà parlé. L'autre se situe au large de Saint-Nazaire. En outre, les métiers de la transformation risquent également de subir les conséquences de ces éoliennes. De fait, 30 % des sardines fraîches de la conserverie Gendreau sont pêchées dans la zone d'implantation des éoliennes par les pêcheurs de Saint-Gilles-Croix-de-Vie, sachant que 100 % des sardines de la conserverie proviennent de ce port[24]. Les éoliennes pourraient donc avoir un impact direct sur les cent cinquante emplois de la conserverie[25] en raison de la baisse de matière première.

Ces menaces sur l'emploi local sont à comparer avec les prétendus cent vingt-cinq emplois annoncés entre l'île d'Yeu et Noirmoutier par le promoteur éolien sino-japonais EMYN[26]. Ceci en sachant que, pendant la phase de construction, les entreprises mobilisées nécessitent du personnel à la formation très spécialisée venant d'entreprises étrangères, et rarement un personnel local, en général trop peu qualifié pour ces missions dangereuses. Les pertes d'emplois locaux existants ont de grandes chances d'être supérieures aux emplois promis par les promoteurs éoliens. Ce phénomène sera identique dans tous les sites retenus pour les centrales éoliennes en mer au bord des côtes françaises.

Aux États-Unis, certains États ont annoncé vouloir installer des éoliennes sur le littoral. Une étude

24. Saint-Gilles-Croix-de-Vie est l'un des tout premiers ports sardiniers français avec trois mille tonnes pêchées par an.

25. *Ibid.*, audition de Philippe Gendreau, entrepreneur en conserverie.

26. « Vers une filière industrielle de l'éolien autour du futur parc Yeu-Noirmoutier », in *Emploi Environnement*, 1er mars 2018.

importante a été réalisée en 2018 à l'initiative de l'Académie nationale des sciences américaine et a permis la consultation des acteurs de la pêche concernés par ces centrales éoliennes en mer, en particulier dans l'État de Rhode Island ou au large de New York. Le rapport publié[27] mentionne des nombreuses inquiétudes des professionnels et des analyses très proches des pêcheurs français, tous faisant le constat que les lieux d'implantation des mâts éoliens se situent très souvent dans les lieux d'activité de la pêche[28] :

> *Plusieurs membres du panel s'inquiétaient des impacts possibles du bruit lors de la construction (par battage de pieux et labourage par jet), de l'exploitation et même de l'arpentage des parcs éoliens. Brady*[29] *a souligné qu'il était prouvé que le bruit avait une incidence sur les mammifères marins en raison de la perte d'audition, de modifications du comportement et du masquage d'autres bruits de l'environnement, ce qui pourrait également préoccuper les poissons. Les impacts possibles incluent les blessures ou la mortalité causées par la destruction de la vessie natatoire par les ondes de pression et les changements de comportement de frai, d'alimentation ou de migration. […] En plus des impacts sur le poisson, les membres du panel ont également craint que les pêcheurs ne soient exclus des zones de pêche actuelles sur les zones des parcs éoliens. […] Les pêcheurs pourraient aussi être indirectement*

27. Emily Twigg, rapporteur, « Atlantic Offshore Renewable Energy Development and Fisheries », in *Proceedings of a Workshop*, National Academies of Sciences, 2018.
28. *Ibid.*, p. 6.
29. Directrice-générale de la Long Island Commercial Fishing Association.

exclus de la zone s'ils ne sont pas en mesure de naviguer en toute sécurité dans un parc éolien[30].

Par ailleurs, la présence de ces éoliennes inquiète fortement les acteurs de la pêche concernant leur sécurité face à leur dangerosité et des risques potentiels d'accidents[31]. Doit-on accepter une telle éventualité ?

En tout état de cause, la résistance des pêcheurs américains semble porter ses fruits. En effet, des conflits internes au sein de l'administration Donald Trump bloquent le calendrier de construction de ces centrales éoliennes en mer[32]. Les représentants de l'administration fédérale de la pêche[33] refusent de signer des documents de la structure[34] administrative chargée du déploiement des centrales éoliennes en mer. Ce bras de fer interne à l'administration fédérale présente l'avantage de retarder fortement le calendrier de construction de ces éoliennes, au bénéfice des pêcheurs.

L'impact sur les activités du tourisme

L'activité touristique est également un secteur particulièrement attaqué par les éoliennes. Qui souhaite passer quelques semaines de vacances avec vue sur des éoliennes de plus de cent cinquante mètres de haut à quelques centaines de mètres d'une chambre d'hôte ? Il est évident

30. *Ibid.*, p. 4 et 5.
31. Nadine SEBAI, « Fishing For A Living Is Dangerous. Will Offshore Wind Farms Make It Worse? », *WSHU*, 1er août 2019.
32. Nichola GROOM, « Exclusive : First big U.S. offshore wind project hits snag due to fishing-industry concerns », in Reuters, 29 juillet 2019.
33. National Oceanic and Atmospheric Administration's (NOAA), National Marine Fisheries Service (NMFS).
34. Bureau of Ocean Energy Management.

qu'intuitivement, la présence de ces monstres d'acier à proximité de beaux coins de nature peut décourager les vacanciers et les détourner de ces lieux défigurés par ces structures en métal et fibre de carbone.

Aussi faut-il prendre avec beaucoup d'humour les propos totalement décalés des promoteurs éoliens qui prétendent régulièrement, lors des réunions publiques, que la présence des éoliennes améliorerait le potentiel de développement touristique de la région concernée. La seule confrontation à la réalité montre le ridicule de tels propos et à quel point les affairistes du vent sont prêts à tous pour imposer leurs machines.

Il est bien sûr entendu que plus une éolienne est éloignée d'un site, moins l'impact touristique sera élevé. Des éoliennes situées à trente kilomètres d'un site remarquable auront beaucoup moins d'impact qu'une centrale éolienne située à un kilomètre voire à cinq cents mètres de ce site.

La destruction des paysages et des sites est un argument de poids contre la multiplication des éoliennes sur un territoire comme la France dont l'activité touristique pèse près de cinquante milliards d'euros grâce à ses paysages authentiques et son patrimoine architectural incomparable[35]. Encore une fois, nos gouvernants prennent le risque de déstabiliser une économie touristique se suffisant à elle-même au profit d'une activité industrielle financée par l'État.

Même si un certain bon sens suffit à considérer que la construction d'éoliennes a un véritable effet destructeur sur l'expérience touristique, des enquêtes viennent conforter cette idée.

35. Laurent Chevallier, « Éoliennes terrestres : la fin programmée du tourisme en France ? », in *Le Point*, 30 juillet 2018.

En France, les animateurs de chambres d'hôtes sont particulièrement inquiets dans plusieurs régions[36]. L'Association des hébergeurs touristiques de l'Indre (AHTI) a réalisé en 2017[37] une enquête auprès de la clientèle afin de connaître sa perception liée à l'implantation d'éoliennes dans ses lieux de villégiature. Ce qui est intéressant dans cette étude et ce sondage, c'est la forte proximité avec les touristes et leur expérience. Cette étude distinguait à juste titre les situations où les éoliennes étaient visibles du lieu d'accueil de celles où elles étaient visibles dans le cadre des visites locales. Cette enquête[38] a été menée en 2017 sur un corpus de mille deux cent quatre-vingts touristes accueillis en gîtes et chambres d'hôtes de l'Indre ou de simples visiteurs, âgés de plus de 18 ans. À la question : Quel serait l'impact de l'implantation d'éoliennes industrielles sur votre choix de destination touristique ? Les réponses sont :

> ***Si ces éoliennes sont visibles depuis votre lieu d'hébergement :***
> *Dans un environnement proche (0 à 2 km) : 97 % changent de destination.*
> *À moyenne distance (2 à 10 km) : 95 % changent de destination.*
> *À l'horizon (> à 10 km) : 72 % changent de destination.*
> ***Si ces éoliennes sont visibles lors de vos activités touristiques dans le parc naturel régional Brenne ou à proximité :***

36. « Les éoliennes perturbent les Gîtes de France », in *Dijon Beaune*, 23 avril 2015.
37. AHTI, « Une étude et un sondage édifiant, les touristes disent non aux éoliennes industrielles géantes », novembre 2017.
38. *Ibid.*, p. 2 et 3.

> *Dans un environnement proche (0 à 2 km) : 71 % changent de destination.*
> *À moyenne distance (2 à 10 km) : 56 % changent de destination.*
> *À l'horizon (> à 10 km) : 34 % changent de destination.*

Cette étude confirme le fait que plus les éoliennes sont proches, plus elles ont de mauvais effets sur le choix du lieu d'implantation touristique. Elle rejoint également les nombreuses études qui observent dans le monde[39] l'effet de la proximité des installations.

L'intérêt de ce sondage est aussi dans l'étude qu'il fait de la vision d'une éolienne du lieu de logement du vacancier. Et là, on peut constater le fort impact des éoliennes dans le choix d'un lieu de villégiature.

Cette observation est d'ailleurs identique à celle du rapport[40] publié par le gouvernement écossais en 2008 sur le même sujet. Dans cette étude, 63 % des touristes sondés ont dit préférer une vue sans éoliennes à partir de leur lieu de villégiature, tandis que 28 % y étaient indifférents et 9 % y étaient favorables. Le rapport précise que la perception des parcs éoliens par les visiteurs varie en fonction de l'endroit où ils se trouvent. Ainsi, les opinions sur les éoliennes changent selon le fait qu'on les aperçoit, l'espace de quelques secondes, le long de la route ou qu'on les voit plus longtemps, sans bouger, à partir de sa chambre d'hôtel[41]. D'après l'étude du gouvernement

39. Marie-José Fortin, Mathieu Dormaels et Mario Handfield, « Impact des paysages éoliens sur l'expérience touristique », in *Téoros*, février 2017, paragraphes 4 et 5.
40. Scottish Government, report « Economic Impacts of Wind Farms on Scottish Tourism », mars 2008.
41. *Ibid.*, p. 9.

écossais, la vue plus ou moins proche des éoliennes a une réelle influence sur le choix du lieu de la région touristique choisie par le vacancier.

De son côté, en 2015, l'Institut d'économie et de géographie culturelle de l'université de Hanovre[42] a étudié l'impact des éoliennes sur la demande touristique dans les communes rurales en Allemagne. Cette étude confirme qu'il existe une relation négative entre la construction d'éoliennes et le tourisme dans les communes rurales, et ceci même dans un rayon de dix à vingt kilomètres des villes et villages. Le phénomène a une importance plus ou moins élevée en fonction de la région concernée[43]. L'étude met également en avant le tourisme vert pour lequel la perception visuelle des paysages a une réelle importance et souligne que ce dernier est très attiré par

> *la petite taille des infrastructures, le contrôle local, les aménagements modestes utilisant une main-d'œuvre locale, les bâtiments de style "traditionnel", l'accent mis sur le contact personnel avec les visiteurs, la consommation de produits locaux, en encourageant la compréhension de l'écologie et du patrimoine de la région, et en fixant des limites à la croissance de développements permettant d'éviter un touriste industriel*[44].

L'étude souligne ainsi que la dimension technologique, moderne et industrielle des éoliennes s'associe

42. Tom Broekel and Christoph Alfken, « Gone With the Wind? The Impact of Wind Turbines on Tourism Demand », Institute of Economic and Cultural Geography, Leibniz University of Hannover, 4 août 2015.
43. *Ibid.*, p. 19.
44. *Ibid.*, p. 2.

très difficilement à ce paysage naturel, préservé, ou à fort impact patrimonial qui est particulièrement recherché par les touristes. Selon les auteurs, leur aspect décalé voire inapproprié dans des lieux à forte valeur historique et culturelle explique la disgrâce des éoliennes dans le cadre touristique[45].

Ce constat a également pu être fait dans le cadre d'une étude réalisée au Portugal par deux universitaires portugais de l'université de Lisbonne[46]. Le réseau de veille du tourisme du Canada, lui, estime que « les éoliennes ont elles-mêmes peu de chances de devenir des attraits touristiques majeurs, parce qu'elles font maintenant de plus en plus partie des paysages humanisés de nombreux pays », remettant largement en cause l'idée répandue par les communicants du mythe d'un éolien touristique[47].

Toutes ces données sur l'emploi ou le tourisme ne semblent avoir aucune portée sur le comportement des gouvernants qui souhaitent mettre en place des centrales éoliennes en mer ou sur terre. Les personnes ou les professionnels touchés par l'installation d'éoliennes partagent le sentiment de devoir abandonner une activité professionnelle ou artisanale au profit de consortiums industriels et financiers sans humanité et sans âme. Ils doivent laisser la place.

Aucun mécanisme de reconversion, aucune procédure d'indemnisation sérieuse, aucune prise en compte des inquiétudes des professionnels concernés.

45. *Ibid.*, p. 2.

46. Luís Silva, Ana Delicado, « Wind Farms and Rural Tourism : A Portuguese Case Study of Residents'and Visitors'Perceptions and Attitudes », in *Moravian Geographical Reports*, 2017, 25 (4) : 248 – 256, The Czech Academy of Sciences, 31 décembre 2017, p. 253.

47. « Les parcs éoliens ont-ils une incidence sur le tourisme ? », in *Réseau Veille Tourisme*, 9 décembre 2009.

La considération humaine est absente d'un système technocratique qui s'impose coûte que coûte. Globalement, les acteurs locaux doivent s'incliner sans contrepartie, et sans même avoir leur mot à dire. Conséquence d'un lobbying intensif des promoteurs éoliens partenaires d'associations environnementales ou en lien avec certains partis politiques, cette politique d'invasion éolienne est menée, de manière dogmatique et idéologique, malgré les dégâts collatéraux qu'elle peut générer.

8

Lobbyistes, ONG, politiciens : des liaisons dangereuses

Alors que Nicolas Hulot, lors de sa démission, a dénoncé la présence des lobbies au sein des cercles de pouvoir[1], l'affaire des dîners de François de Rugy, son successeur au ministère de l'Écologie, a révélé que parmi les invités se trouvaient un certain nombre de lobbyistes de l'énergie, en particulier des représentants d'Engie, entreprise très investie dans l'installation d'éoliennes terrestres ou côtières[2].

Dans le domaine des éoliennes, la confusion voire la collusion sont totales entre élus, lobbyistes, ONG ou associations environnementales, et promoteurs. Tout ce monde se soutient, se coopte dans une organisation où tout est fait pour soutenir l'industrie des aérogénérateurs et simplifier leur installation en supprimant tous

1. Cécile De Sèze et AFP, « Nicolas Hulot dénonce l'influence des "lobbies dans les cercles du pouvoir" », RTL, 18 août 2018.

2. Arnaud Wajdzik, « Les dîners secrets de François de Rugy avec des lobbyistes », in *Ouest-France*, 12 juillet 2019.

les freins prévus pour protéger l'environnement et les citoyens.

Le cas de l'OFATE (Organisation franco-allemande de la transition énergétique) est emblématique. Selon l'article 2 de ses statuts, cette structure, dont le siège se situe à Berlin, a pour objet « de promouvoir la coopération entre la France et l'Allemagne dans le domaine des énergies renouvelables. Entre autres initiatives, *la promotion des échanges d'expériences et de connaissances, la suppression des obstacles existants*, le développement des énergies renouvelables en France et en Allemagne[3] ».

Ce lobby, dont la vocation est de soutenir la filière industrielle des énergies renouvelables, est composé de syndicats professionnels éoliens comme France Énergie Éolienne ou le Syndicat des énergies renouvelables et leurs semblables allemands, ainsi que de nombreux représentants des promoteurs éoliens comme ENERCOM, NORDEX, H2R… De manière beaucoup plus surprenante, il compte aussi le ministère de l'Écologie français et le ministère de l'Économie et de l'énergie allemand[4].

En étudiant les informations officielles disponibles sur cette association d'influence, nous découvrons que son financement est réalisé à hauteur de 38,5 % par les ministères concernés et que le bureau de représentation en France est situé à la Défense dans les locaux du ministère de l'Écologie. L'OFATE est donc un lobby de défense de l'industrie éolienne financé et abrité par le gouvernement français, tout en étant une association de droit allemand. Or économiquement, c'est l'Allemagne qui est le pays le plus motivé par le développement des éoliennes, dont il est l'un des plus importants

3. Statuts de l'OFATE adoptés dans le cadre de l'assemblée générale du 11 mai 2016 à Berlin. Souligné par l'auteur.

4. *energie-fr-de.eu/fr/qui-sommes-nous/mission-services/gouvernance.html*

exportateurs dans le monde. La localisation de l'OFATE dans les locaux du ministère fédéral de l'Économie et de l'énergie montre bien qu'il s'agit en réalité d'une structure d'influence allemande dont l'objectif est de développer son économie des énergies renouvelables en France. Cet exemple montre qu'au sein même des ministères, très officiellement, des lobbyistes de l'écolo-business agissent en toute liberté pour faciliter l'essor de l'éolien. Une gouvernance parallèle se met en place au profit des industriels du vent. En mars 2019, la sénatrice Anne-Catherine Loisier avait d'ailleurs interrogé le ministre de la Transition écologique, François de Rugy, sur ce lobby financé par le gouvernement et abrité dans les locaux de son ministère[5]. Question restée sans réponse.

Dans un même ordre d'esprit, on ne peut qu'être édifié de voir Jean-Louis Bal, ancien directeur de l'ADEME (Agence de l'environnement et de la maîtrise de l'énergie), établissement public dépendant du ministère de l'Écologie et actif dans la promotion de l'éolien, être nommé président du SER (Syndicat des énergies renouvelables) la principale structure de lobbying des promoteurs éoliens en France.

Ces liens entre élus, partis politiques, lobbyistes, ONG et associations environnementales, et industriels éoliens créent un système imbriqué dont le seul objectif est de faire un maximum d'argent en profitant de la manne des fonds publics débloqués au nom de la transition écologique. Cette part gigantesque du gâteau mérite bien quelques arrangements entre « amis »…

5. Question orale n° 0689S de Mme Anne-Catherine Loisier, sénatrice (Côte-d'Or – UC), *JO Sénat* du 14 mars 2019, p. 1347.

Les alliances entre politiques et industriels du vent

Au soir du 6 mai 2012, jour du second tour des élections présidentielles, le président fraîchement élu, François Hollande, s'affichait sur France 2 dans son bureau du conseil départemental de Corrèze, à Tulle. Au premier plan des images diffusées, une éolienne miniature en plastique exprimait symboliquement que son prochain quinquennat allait être celui du déploiement sans limite de ces machines.

En France, la proximité entre certaines personnalités et partis politiques, en particulier le PS et EELV (Europe écologie Les Verts), et les acteurs de l'industrie éolienne est édifiante. Si bien que, parfois, il est possible de se demander si certains élus ne sont pas tout simplement les représentants de la filière industrielle éolienne au sein des institutions républicaines. Cette imbrication est d'ailleurs également visible dans d'autres pays comme l'Allemagne par exemple[6]. L'absence de réserve politique de certains élus sur le sujet et leurs interventions sans retenue de plus en plus fréquentes et de moins en moins nuancées lors des colloques des promoteurs éoliens relancent le débat sur la place du lobbying au sein de nos institutions.

François Brottes, ancien député du parti socialiste de l'Isère, alors président de la commission des affaires économiques de l'Assemblée nationale, est un bon exemple de ces interférences et ces ambiguïtés entre la filière industrielle éolienne et le monde politique. Le 19 octobre 2012, alors qu'il est encore député, il est l'invité du troisième colloque national éolien organisé au palais Brogniart par le syndicat France Énergie

6. Reportage Arte Regards, « L'énergie éolienne au cœur de la controverse », Arte, diffusion le 31 août 2018.

Éolienne, qui réclame à cor et à cri la simplification du système d'installation des éoliennes qu'il juge trop lourd et complexe. François Brottes intervient publiquement à cette occasion afin de rassurer la filière éolienne de son entier soutien pour cette simplification. Le député avait déposé à l'Assemblée nationale peu de temps auparavant, le 6 septembre, une proposition de loi sur la tarification de l'énergie. Après les travaux parlementaires habituels, elle fut adoptée sous le nom de loi Brottes[7] le 15 avril 2013 et aboutit à une libéralisation sans limite de l'installation des éoliennes en France (cette loi conduira en effet à la fin des Zones de développement éolien, à la fin de la règle des cinq mâts minimum et à une simplification sans précédent des procédures d'installation de mâts éoliens[8]).

Deux ans plus tard, le 23 juillet 2015, le député qui – par la promulgation de sa loi en 2013 – a joué un rôle prépondérant dans la remise en selle d'une filière éolienne en situation très difficile[9], se trouve nommé à la tête du RTE. Cette filiale d'EDF a la mission de gérer le réseau public de transport d'électricité haute tension et d'assurer le raccordement des industries productrices

7. Loi n° 2013-312 du 15 avril 2013 visant à préparer la transition vers un système énergétique sobre et portant diverses dispositions sur la tarification de l'eau et sur les éoliennes, publiée au *Journal officiel* du 16 avril 2013.

8. Jusqu'alors les éoliennes devaient être construites dans des zones territoriales validées par les préfets intitulées ZDE (Zone de développement éolien), et pour pouvoir bénéficier du tarif de rachat subventionné, chaque centrale éolienne devait faire un minimum de cinq mâts afin d'éviter le mitage sur le territoire. Chaque projet devait également obtenir un permis de construire et les autorisations liées aux installations ICPE (Installations classées pour la protection de l'environnement). Tous ces mécanismes ont été supprimés par la loi Brottes.

9. F. V., « La filière éolienne s'inquiète de son avenir », in *Le Moniteur*, 29 août 2012.

d'électricité au réseau principal. C'est donc un des plus fidèles soutiens de l'éolien qui est placé à la tête de l'entité chargée de mettre en œuvre le raccordement des futures éoliennes sur terre ou en mer au réseau électrique, un poste particulièrement stratégique pour le secteur. La question du raccordement des éoliennes est une question vitale. Delphine Batho avait d'ailleurs évoqué, lorsqu'elle était ministre de l'Écologie[10], la nécessité de la construction des milliers de kilomètres de lignes à haute tension pour le déploiement des éoliennes. Cette nomination d'un député à la tête du RTE a soulevé l'indignation d'une partie de la classe politique française, dont François Bayrou :

> *Cette décision est profondément malsaine. Un député, qui plus est un député président d'une commission [celle des Affaires économiques, N.D.L.R.], un député qui a porté un très grand nombre de textes, d'amendements concernant l'électricité, concernant EDF, va se retrouver à la tête d'une filiale d'EDF [...] Ceci est insupportable*[11].

Un député apporta cependant son soutien à cette nomination : Denis Baupin, député EELV, qui affirma publiquement que François Brottes avait les compétences requises pour diriger le RTE. Il faut dire que Denis Baupin fréquente les mêmes cercles que son collègue député François Brottes. Lors du colloque du 19 octobre 2012 de France Énergie Éolienne, il était également

10. Déclaration de Mme Delphine Batho, ministre de l'Écologie, du Développement durable et de l'Énergie, Session ordinaire de 2012-2013, Première séance du mercredi 10 octobre 2012.
11. Rédaction avec AFP, « La nomination de Brottes à la tête de RTE crée la polémique », in *Challenges*, 24 juillet 2015.

l'invité des promoteurs éoliens devant lesquels il déclara qu'« il ne faut pas rater la transition industrielle[12] ». À cet égard, en 2015, Denis Baupin déposa des amendements de simplification de la procédure ICPE[13] afin de continuer l'accélération de l'installation des éoliennes en France.

En 2016, Jean-Vincent Placé[14], sénateur dissident EELV devenu secrétaire d'État chargé de la réforme de l'État et de la simplification, demanda à son ami Denis Baupin, toujours député mais devenu également vice-président de l'Assemblée nationale, de siéger au conseil de la simplification des entreprises[15] afin d'agir sur l'installation des éoliennes[16]. Jean-Vincent Placé déclara à cette occasion à la presse : « J'ai décidé de mettre en œuvre une simplification massive des procédures, en particulier sur les énergies renouvelables. » Et d'ajouter : « On met sept ans pour faire une éolienne en France, contre trois ans en Allemagne, il y a un vrai problème[17]. »

Nommé en septembre 2018 en remplacement de Nicolas Hulot, le nouveau ministre de l'Écologie François de Rugy, avait démarré en politique toujours

12. *http://www.economiedenergie.fr/colloque-national-eolien-2012.html*

13. « Éolien : des députés proposent de simplifier le régime ICPE des aérogénérateurs (Loi prévention des risques) », in blog de l'avocat Arnaud Gossement, 9 septembre 2015.

14. « Violences et outrages : Jean-Vincent Placé condamné à trois mois de prison avec sursis », in *Le Monde*, 10 septembre 2018.

15. *https://lannuaire.service-public.fr/gouvernement/administration-centrale-ou-ministere_906802*

16. « Jean-Vincent Placé missionne Denis Baupin à la simplification des procédures EnR », in *GreenUnivers*, 17 mars 2016.

17. « Denis Baupin en charge de la simplification des procédures », *www.journal-eolien.org/les-actus/denis-baupin-en-charge-de-la-simplification-des-procedures/*

dans les rangs d'EELV[18]. Devenu ministre, il continua l'industrialisation de la nature par les éoliennes entamée par ses anciens « camarades » du parti écologiste, en quelques mois et en pleine crise des gilets jaunes (dix mois en tout entre sa nomination le 5 septembre 2018 et sa démission fracassante le 16 juillet 2019).

Tout d'abord, il a fait sauter le premier degré de juridiction pour les recours face aux éoliennes sur terre. Désormais les associations environnementales devront directement saisir la cour administrative d'appel avec l'obligation de payer des frais d'avocat, ce qui n'était pas le cas jusqu'alors en première instance, où l'avocat n'était pas nécessaire[19]. Le 24 décembre de la même année, il supprima la présence des commissaires enquêteurs pour les enquêtes publiques dans deux régions, à titre expérimental[20]. Même si l'attitude générale des commissaires enquêteurs ne semble pas correspondre à l'émergence d'une véritable démocratie environnementale (voir chapitre 5), cette mesure symbolique bafoue incontestablement le droit des citoyens à participer aux décisions ayant un impact environnemental.

Enfin, le ministre a envisagé un projet de décret[21] qui annule l'avis préalable du CNPN (Conseil national de la

18. Erwan Bruckert, « François de Rugy, socialiste par ambition », in *Le Monde*, 31 mai 2016.

19. Article 23 du Décret n° 2018-1054 du 29 novembre 2018 relatif aux éoliennes terrestres, à l'autorisation environnementale et portant diverses dispositions de simplification et de clarification du droit de l'environnement JORF n°0278 du 1er décembre 2018.

20. Décret n° 2018-1217 du 24 décembre 2018 pris en application des articles 56 et 57 de la loi n° 2018-727 du 10 août 2018 pour un État au service d'une société de confiance JORF n°0298 du 26 décembre 2018

21. Jade Lindgaard, « Pour le gouvernement, trop de biodiversité nuit à la croissance », in *Médiapart*, 5 mai 2019 ; ou Laurent Radisson « Autorisation environnementale : un projet de décret supprime les consultations gênantes », in *Actu-Environnement*, 6 mai 2019.

protection de la nature[22]) pour les autorisations d'installations industrielles comme les éoliennes. Comme nous l'avions précisé, le CNPN est, au sein du ministère de l'Écologie, l'instance d'expertise scientifique et technique compétente en matière de protection de la biodiversité, et plus particulièrement de protection des espèces, des habitats, de la géodiversité et des écosystèmes. Pour les installations d'éoliennes en mer ou sur terre, ce conseil doit être consulté pour avis en ce qui concerne les atteintes aux espèces protégées (voir chapitre 4). Le décret envisage purement et simplement de supprimer dans un très grand nombre de cas l'avis de cette autorité chargée de s'assurer du respect de la biodiversité et de la faune. Espérons que cette menace fasse réfléchir les vrais amoureux de la nature sur la réalité de la soi-disant défense de la nature par les éoliennes.

Le trait d'union entre EELV et les promoteurs éoliens

Le lien entre le parti EELV et les promoteurs éoliens est ouvertement établi par Jean-Yves Grandidier. Celui-ci est également le fondateur et président du groupe Valorem, une importante société française d'électricité produite par les aérogénérateurs réalisant soixante cinq millions d'euros de chiffre d'affaires[23]. Cet important promoteur

22. *ecologique-solidaire.gouv.fr/conseil-national-protection-nature*
23. Audition de monsieur Jean-Pierre Grandidier, fondateur et président du groupe Valorem, Commission d'enquête sur l'impact économique, industriel et environnemental des énergies renouvelables, sur la transparence des financements et sur l'acceptabilité sociale des politiques de transition énergétique, mardi 7 mai 2019, séance de 18 heures 30, compte rendu n° 23.

éolien[24] français est un membre particulièrement actif d'EELV, pour lequel il se présente régulièrement aux élections européennes ou législatives. Il a été l'un de ses candidats, en soixante-treizième position, des élections européennes de 2019. Cette place en queue de liste est loin d'être anodine. En effet, les partis mettent souvent en fin de liste des personnalités importantes et symboliques qui comptent dans leurs réseaux. L'un des principaux promoteurs éoliens français est donc membre du parti qui a été le plus actif dans la « libéralisation » des freins à l'éolien. Sur le site internet de Valorem, on apprend également que Jean-Yves Grandidier a été le cofondateur du syndicat France Énergie Éolienne, celui-là même qui a convié régulièrement les députés ou les ministres de l'Écologie à modifier la loi en leur faveur. Autant dire que Jean-Yves Grandidier est un haut dignitaire de l'éolien et qu'il fait la liaison entre de nombreuses personnalités de la cause. Le directeur général de Valorem, Frédéric Lanöe, a été président de France Énergie Éolienne et s'est d'ailleurs rendu célèbre pour avoir demandé par courrier à un certain nombre de députés une réforme de la prise illégale d'intérêt (voir chapitre 9), délit qui empêchait selon lui l'essor de l'éolien.

La Lettre A, spécialiste des informations confidentielles, nous dévoile par ailleurs dans son édition de fin mars 2019 la grande proximité de Yannick Jadot, tête de liste d'Europe écologie les Verts pour les élections européennes, avec le patron de Valorem. « Sa proximité avec Jean-Yves Grandidier, le patron du groupe Valorem, un des principaux opérateurs de l'énergie éolienne, devrait le pousser à porter les demandes du secteur des

24. Jean-Yves Grandidier, « Valorem peut se développer en restant indépendant », in *GreenUnivers*, 27 octobre 2017.

énergies renouvelables[25]. » En outre, en vérifiant les éléments de gouvernance liés à l'OFATE, le fameux lobby financé par les gouvernements français et allemand, on constate que la société Valorem est un membre éminent du comité de pilotage de cette association au même titre que le ministère français de l'Écologie[26].

L'activisme au sein de Greenpeace de Yannick Jadot, candidat médiatisé aux élections européennes, est très notable dans son CV. En effet, ce député européen d'EELV a été auparavant directeur des campagnes de l'« ONG » environnementaliste entre 2002 et 2008 au point d'être condamné pour « atteinte aux intérêts supérieurs de la Nation » après avoir participé à des opérations de pénétration dans des zones militaires sensibles, en particulier dans une base opérationnelle de sous-marin lanceur d'engins dans la rade de Brest[27].

L'activisme chevronné du parti EELV et de Greenpeace à soutenir le développement de l'éolien industriel et leurs relations avérées avec les promoteurs éolien n'est pas sans susciter de questionnement quant à la sincérité de leur engagement pour la défense de la nature et des écosystèmes. Les liens et les partenariats financiers existant entre les industriels du vent et certaines associations ou ONG environnementales remettent largement en cause l'objectivité et la légitimité du combat de ces dernières dont les intérêts semblent être bien éloignés de la défense de la nature.

25. Octave Bonnaud, « Yannick Jadot, en marche pour valoriser la marque Europe écologie-Les Verts », in *La Lettre A*, 22 mars 2019.
26. Liste des membres du comité de pilotage de l'Office franco-allemand pour la transition énergétique (OFATE), 23 novembre 2016.
27. Robin Prudent, « Activiste à Greenpeace, cofondateur d'EELV… Six choses à savoir sur Yannick Jadot, tête de liste des écologistes aux européennes », in France Info, 19 mai 2019.

Les éoliennes et des ONG très intéressées

Il n'est pas interdit, juridiquement, à un promoteur éolien de financer une ONG ou une association environnementale. Nous avons eu l'occasion de le rappeler lors de notre audition à la commission d'enquête parlementaire sur les énergies renouvelables[28]. La corruption est condamnée par le Code pénal français pour les fonctionnaires ou les institutions publiques, mais pas pour les associations, sauf si ces dernières ont une mission de service public dans le domaine éolien (voir chapitre 9). Cependant, les associations ou les ONG jouent un rôle de plus en plus important dans notre société et peuvent être amenées à rédiger des rapports, à donner leur opinion dans le cadre d'enquêtes ou de consultations publiques, dans le cadre de commissions créées par les gouvernements ou dans le cadre d'études d'impact qu'elles réalisent.

Leur autorité morale, leur expertise scientifique, leur influence sur les décisions politiques ou leurs réseaux constitués de longue date peuvent être particulièrement précieux pour le développement ou l'arrêt d'une industrie. Il est donc préférable pour des industriels du vent, pour développer leur business, d'avoir une influence sur l'action des ONG et de s'assurer leurs bonnes grâces, voire plus. Le financement d'associations écologistes ou patrimoniales est donc une véritable opportunité pour les promoteurs éoliens. Par ailleurs, le fait que les promoteurs disposent d'un tarif de rachat de l'électricité hors norme leur donne une capacité financière qui leur permet

28. Commission d'enquête sur l'impact économique, industriel et environnemental des énergies renouvelables, Assemblée nationale, Audition le 11 juillet de l'auteur, lanceur d'alerte, porte-parole du collectif Touche pas à nos îles.

de soutenir ou de financer, sous couvert des dispositions sur le mécénat, des associations ou des ONG dont l'action militante ira dans leur sens.

Là encore, nous n'avons probablement qu'une vision partielle de ce financement tant les pratiques des ONG en la matière sont opaques. Cette collusion, si elle n'est pas condamnable par les tribunaux, est parfaitement contestable d'un point de vue éthique ou moral, car elle dévoie l'engagement initial de structures militantes de protection de la nature et dénature les actions qu'elles pourraient mettre en place si elles n'étaient pas influencées. Les associations ainsi financées perdent toute crédibilité et toute objectivité lorsqu'elles s'expriment sur le sujet des éoliennes.

Revenons à Greenpeace, dont le principal animateur en France pendant plusieurs années a été Yannick Jadot, dont nous venons de retracer le parcours. Créée en 1971, la structure est depuis son origine une opposante acharnée à l'électricité d'origine nucléaire. Cette énergie n'émet pourtant pas de gaz à effet de serre[29] et ses déchets radioactifs sont en voie d'éradication grâce aux recherches de Gérard Mourou, professeur émérite à l'école polytechnique, qui a été attributaire en 2018 du prix Nobel de physique[30]. Les statuts de Greenpeace France soulignent dès le départ son énorme paradoxe. Prévue à l'article 1, son objet prévoit d'une part « la promotion des énergies renouvelables et des économies

29. GIEC (Groupe intergouvernemental sur l'évolution du climat), Climate Change 2014: Mitigation of Climate Change. Contribution of Working Group III to the Fifth Assessment Report of the Intergovernmental Panel on Climate Change, 2014.

30. Benoît Tonson, « Avec le laser, "on peut réduire la radioactivité d'un million d'années à 30 minutes". Gérard Mourou, prix Nobel de physique », in *La Tribune*, 3 octobre 2018.

d'énergie » et d'autre part « la lutte contre les pollutions et nuisances portant atteinte aux équilibres fondamentaux des océans, du sol, du sous-sol, de l'air, de l'eau, de la biosphère, du climat, des sites et paysages[31] ».

Greenpeace est un soutien acharné à l'électricité d'origine éolienne. Elle assure, sur son site et dans la presse, la défense de cette source d'électricité en reprenant point à point les éléments de langage des promoteurs éoliens[32] (absence de bruit, peu d'impacts sur les oiseaux, etc.) et occulte en particulier la question de l'impact sur la santé humaine ou animale. Cela est d'autant plus intéressant qu'elle prévoit dans son action la lutte contre les nuisances aux paysages et au monde marin… alors que nous avons pu voir dans les chapitres précédents à quel point les éoliennes avaient un impact lourd sur la survie des animaux, les écosystèmes et de la biodiversité.

C'est Thibault Kerlirzin qui dévoile le fin mot de l'histoire dans son ouvrage *Greenpeace. Une ONG à double fond(s)*[33]. Outre l'ambiguïté de son action résolue contre le nucléaire, l'ONG serait particulièrement intéressée par le développement de l'éolien, dans la mesure où elle est actionnaire d'une société, Greenpeace Energy, propriétaire de centrales éoliennes[34]. En outre, selon Kerlirzin, l'ONG serait partenaire – via Greenpeace Energy – de la société Vestas. Cette entreprise danoise de fabrication

31. Statuts de l'association Greenpeace France, adoptés par l'assemblée générale extraordinaire du 2 décembre 1998, modifiés par les assemblées générales extraordinaires des 23 juin 2002, 12 décembre 2004, 5 mars 2011 et 19 décembre 2015.

32. « Quel est l'impact environnemental des éoliennes ? », in Greenpeace, *https://www.greenpeace.fr/impact-environnemental-eolienne/*

33. Thibault Kerlirzin, *Greenpeace : Une ONG à double fond(s)*, Édition VA, Collection : « Guerre de l'information », 2018.

34. *Ibid.*, p. 194.

d'éoliennes[35] est le leader mondial de fabrication d'éolienne avec 16,7 % du marché mondial en 2017[36] et est la première en termes de centrales installées dans le monde avec soixante-six mille éoliennes pour plus de cent gigawatts[37]. En 2013, l'ONG s'est alliée à Vestas pour mener une vaste opération de communication visant à contrer les opposants à l'éolien en Australie, au Royaume-Uni, au Canada et en Suède[38]. Enfin, Greenpeace et sa filiale ont été des acteurs de lobbying importants auprès de la Commission européenne pour lutter contre les créations de centrales nucléaires par de multiples rapports d'un côté tout en militant d'un autre côté pour la libéralisation en Europe des énergies renouvelables[39].

L'ONG est, selon Thibault Kerlirzin, un « mercenaire vert[40] ». Elle combat un modèle électrique nucléaire dont elle est le concurrent direct par ses participations capitalistiques dans l'éolien ou par ses partenariats financiers avec l'un des plus importants acteurs industriels du secteur. Le bras droit de Greenpeace travaille à la démolition de l'image du nucléaire d'un côté pour mieux bénéficier, par son bras gauche, de l'augmentation des parts de marché de l'éolien. La crédibilité et l'aura de défenseur de la planète de l'ONG sont durement mises à mal dans la mesure où elle possède des intérêts économiques dans le développement de l'éolien. Elle en

35. Annual report 2017, 1st January 2017 – 31st December 2017, Vestas Wind Systems A/S Hedeager 42, 8200 Aarhus.

36. « Classement des plus importants fabricants de turbines éoliennes dans le monde en 2017, selon leurs parts de marché », in *Statista* 2019.

37. Rédaction, « Vestas devient la première entreprise à installer 100 GW d'éoliennes », in *LesSmartsGrids*, 18 janvier 2019.

38. Thibault Kerlirzin, *op. cit.* p. 214.

39. *Ibid.*, p. 205 et p. 209.

40. *Ibid.*, 4e de couverture.

occulte sciemment les inconvénients, en particulier en matière d'utilisation de terres rares, dont nous avons déjà évoqué l'impact écologique.

WWF est dans une situation assez identique à celle de Greenpeace, même si elle ne semble pas avoir de participation financière dans l'industrie éolienne. WWF a été créée en 1961 dans le but de collecter des fonds d'aide pour les animaux en voie de disparition. Sa vocation est la protection de la nature et du monde animal. Là aussi, l'ONG est structurellement favorable à l'éolien. Sur son site internet, elle évoque la nécessité d'installer des éoliennes dans un objectif de développement durable[41]. Elle diffuse même des guides comme celui intitulé « Démarche énergies renouvelables et durables, Module éolien terrestre », publié en 2019, dans lequel elle expose sa politique de soutien à l'énergie éolienne. Cette démarche est diffusée sur le site de France Énergie Éolienne qui annonce un colloque « Énergies renouvelables et durables » organisé le 17 juin 2019 par l'ONG[42].

L'ONG est ouvertement liée au promoteur éolien Boralex. Le site internet de WWF annonce clairement le partenariat signé, qui repose sur le développement des énergies renouvelable et en particulier l'éolien. WWF a d'autres partenariats avec des promoteurs pour développer l'éolien dans des pays comme la Suisse ou la France[43]. En 2016, WWF est partenaire financier de France Énergie Éolienne qui s'engage à verser des fonds à l'ONG. Dans le communiqué de presse annonçant

41. *wwf.fr/champs-daction/climat-energie/transition-energetique/ENR/energie-eolienne*

42. *fee.asso.fr/agenda/lancement-de-la-demarche-energies-renouvelables-et-durables-du-wwf-le-point-sur-leolien-terrestre/*

43. Bernard Wuthrich, « Le WWF s'engage pour les éoliennes en Suisse », in *Le temps*, 5 décembre 2016.

ce partenariat, lié à un événement sportif, WWF annonce être « l'une des toutes premières organisations indépendantes de protection de l'environnement dans le monde[44] ».

L'interaction entre WWF et les promoteurs éoliens s'est également manifestée en 2012 par la promotion de Philippe Germa, qui avait été un de ses administrateurs depuis 2008, au poste de directeur général de l'ONG[45]. Il avait été auparavant l'un des pionniers de l'économie verte en tant que Directeur général de 1993 à 2012 de Natixis Environnement & Infrastructures – société de gestion de fonds d'investissement qu'il a fondée – dédié aux projets d'énergies renouvelables dont les éoliennes. Philippe Germa a disparu en 2015 lors d'une plongée sous-marine en Polynésie[46]. Son frère jumeau, Jean-Michel Germa, a été un des pionniers de l'éolien en France et fondateur de la société éolienne La compagnie du Vent. Jean-Michel Germa a cédé en 2017 les 41 % de parts qu'il détenait dans cette entreprise à la société Engie qui en a désormais le contrôle[47]. Il s'agit d'un exemple parlant de l'écolo-business financier associé au militantisme prétendu écologiste.

La proximité forte entre les promoteurs éoliens et WWF n'a qu'une vocation : « verdir » leur l'image, car leur industrie a un effet particulièrement délétère sur la nature. Ce procédé semble être une pratique assez

44. Communiqué de presse France Énergie Éolienne et WWF, 21 juin 2016, Paris.

45. Valéry LARAMÉE DE TANNENBERG, « Le WWF France s'est trouvé un DG », *Le Journal de l'Environnement*, 23 janvier 2013.

46. Rédaction et AFP, « Le directeur général du WWF France, Philippe Germa, disparaît lors d'une plongée en Polynésie », in *Le Monde*, 11 août 2015.

47. Sylvie BROUILLET, « Engie devient l'unique actionnaire de La Compagnie du Vent », in *L'Usine Nouvelle*, 5 avril 2017.

commune et historique de l'ONG environnementaliste. Wilfried Huismann, dans un reportage accablant[48] intitulé « Le silence des pandas[49] » et diffusé en Allemagne en 2011, dénonce une ONG opportuniste qui fait campagne pour la lutte contre la disparition du tigre, mais organise des voyages touristiques dans les zones d'habitat de cet animal. Le reporter expose les relations de WWF avec les producteurs d'huile de palme ou avec Monsanto, avec qui des tables rondes sont organisées par l'ONG environnementale. L'ONG semble spécialisée dans la caution verte de nombreuses entreprises à très fort impact sur la biodiversité et s'accommode parfaitement de ce rôle.

Mais on peut malheureusement citer encore bien d'autres ONG ou associations « amies » des promoteurs éoliens. La LPO semble elle aussi avoir des relations privilégiées avec ces derniers. Il est certes plus difficile d'en donner des preuves. Il est incontestable, en revanche, que la LPO a organisé en novembre 2017, dans la région de Bordeaux, un colloque sur l'éolien et la biodiversité en partenariat avec le Syndicat des énergies renouvelables, de France Énergie Éolienne et de l'ADEME[50]. L'« étroite collaboration » de ces acteurs de l'éolien avec la LPO existe depuis une quinzaine d'années, selon le préambule des actes de ce colloque[51].

48. Sophie Chapelle, « Le WWF mis en cause par un documentaire accablant », in *Reporterre*, 7 juillet 2011.
49. *vimeo.com/130300102*.
50. « Actes du séminaire éolien et biodiversité 21 et 22 novembre 2017 » – Artigues-près-Bordeaux, Colloque organisé par la LPO avec le concours du Syndicat des énergies renouvelables et de France Énergie Éolienne, le ministère de l'Écologie et l'ADEME.
51. « Actes du séminaire éolien et biodiversité 21 et 22 novembre 2017 », préambule, p. 11.

Si ce colloque, que nous avons déjà cité, a permis d'évoquer la question de la mortalité des chauves-souris causée par les éoliennes, ses conclusions sont très décevantes : elles ne proposent aucune solution et ne font que déplorer des effets attristants mais difficiles à prévoir, pour les chauves-souris et les mammifères marins notamment. À part une forme d'autojustification et des considérations attestant à la fois du manque d'anticipation et d'une absence de prise en compte élémentaire du principe de précaution, la LPO et ses partenaires se contentent d'un discours abscons et laissent à l'avenir le soin d'évaluer l'ampleur des dégâts : « En mer, l'anticipation des impacts potentiels repose sur la planification mais également sur des modélisations alimentées par des données environnementales qu'il conviendra d'enrichir avec le temps[52] (*sic*). »

Il se dit par ailleurs que des associations locales de la LPO seraient financées par des promoteurs pour participer aux études d'impact des éoliennes sur les oiseaux et au ramassage des oiseaux morts à leurs alentours. Même si cela n'est pas interdit par la loi, encore une fois, cela explique la timidité de certaines structures de défense des oiseaux lors des enquêtes publiques.

De la même manière, l'ONG espagnole de protection des oiseaux SEO Birdlife, qui avait émis un rapport alarmant en janvier 2012 (voir chapitre 4) sur l'impact des éoliennes sur la mortalité des oiseaux dans le pays, est devenue partenaire de la fondation Iberdrola, une structure de la compagnie d'électricité espagnole du même nom, leader mondial de la production d'électricité éolienne. Cet accord a financé la mise en place d'une étude sur les oiseaux migrateurs par l'ONG

52. *Ibid.*

de défense des oiseaux[53]. Depuis, plus aucun rapport alarmiste sur l'impact des éoliennes sur les oiseaux n'a été publié par SEO Birdlife. Sur le site de Birdlife International, on apprend que la Compagnie du Vent, GDF Suez (Engie), EDF Énergies nouvelles et ailes marines et Iberdrola soutiennent les projets marins de la LPO afin de mieux intégrer les parcs éoliens dans le milieu marin atlantique[54]. Les partenariats entre la LPO, SEO Birdlife et les principaux promoteurs éoliens mondiaux sont ainsi parfaitement établis.

De son côté, France nature environnement, fédération de trois mille cinq cents associations locales, est également une farouche partisane de l'électricité d'origine éolienne et en particulier des centrales éoliennes en mer. Dans un communiqué du 12 janvier 2018[55], elle précise : « France nature environnement souscrit à une politique plus ambitieuse de développement des parcs éoliens offshore, parce qu'elle participe à l'indispensable diversification et relocalisation de nos modes de production énergétique. » Même si, dans d'autres supports de communication, l'association émet quelques petites réserves sur le sujet de l'éolien, il ne demeure pas moins qu'elle soit partenaire de la société Engie depuis 2009. Or, cette société a obtenu deux appels d'offres favorables pour les éoliennes en mer du Tréport d'une part et pour celles prévues à Noirmoutier et l'île d'Yeu d'autre part. Là encore, le communiqué de la fédération montre bien l'influence redoutable que peuvent avoir les

53. *fundacioniberdrolaespana.org/en/press-room/2017-news/the-migra-program-marks-new-birds*
54. *birdlife.org/europe-and-central-asia/european-seabird-resource-hub-france*
55. Communiqué France nature environnement, « Éolien en mer, le défi de l'acceptabilité », 12 janvier 2018.

partenariats entre les promoteurs éoliens et les associations dites « environnementales ». Des clips publiés par le promoteur éolien entre l'île d'Yeu et Noirmoutier diffusent l'interview[56] de représentants de France nature environnement, comme pour mieux cautionner le projet.

Il convient de noter que France nature environnement, la LPO et WWF, structures totalement associées ou partiellement financées par les promoteurs éoliens, ont été les seules à être invitées par le ministère de l'Écologie lors de la création d'un groupe de travail pour envisager les actions visant à supprimer les freins à l'industrie éolienne. Les responsables se sont bien gardés d'y associer les nombreuses associations qui luttent contre la pollution éolienne[57]. Preuve, s'il en était, de la collusion existant entre ces ONG ou associations environnementales, le ministère et les syndicats de promoteurs éoliens.

Dans le domaine du patrimoine, les ambiguïtés sont aussi fortes, car certaines structures associatives ne combattent que mollement l'invasion des éoliennes. Ainsi, la Fondation du patrimoine a-t-elle une position plus qu'ambiguë. Créée par la loi, cette fondation d'État a pour objet, selon l'article 143-2 du Code du patrimoine, de contribuer « à la sauvegarde des monuments, édifices, ensembles mobiliers ou éléments remarquables des espaces naturels ou paysagers menacés de dégradation, de disparition ou de dispersion ». Pourtant, elle n'hésite pas à s'associer financièrement avec certains promoteurs éoliens. Dans un communiqué de presse conjoint du 21 novembre 2011, la Fondation du patrimoine

56. Pilote du réseau Océans, mers et littoraux (Éoliennes en mer, Îles d'Yeu et de Noirmoutier), 6 octobre 2016, *youtube.com/watch?v=uUmAjIwoHAc*
57. Dossier de presse « Plan de libération des énergies renouvelables », Conclusions du groupe de travail « éolien » 18 janvier 2018, ministère de l'Écologie.

et la société Eol RES (devenue RES) font état d'un partenariat financier dans le cadre d'une convention triennale. La société éolienne s'engage ainsi à soutenir financièrement la fondation dans son activité de sauvegarde du patrimoine architecturale en danger.

Cette connivence quasi institutionalisée entre ONG ou associations environnementales, promoteurs éoliens, syndicats professionnels et partis politiques écologistes n'est pas sans soulever de sérieuses réserves en terme éthique. L'objectivité et le sérieux de ces acteurs qui prêchent des discours moralisateurs dans le domaine de l'écologie ou de la défense de la planète sont en effet largement compromis par ces pratiques. Si elle s'inscrit dans un objectif de normalisation et de cautionnement de l'industrie éolienne, cette position peine à masquer les failles d'une industrie qui n'est en rien écologique et qui ne suscite à l'évidence pas l'adhésion populaire. Les ONG et associations écologistes ont, dans le domaine éolien, perdu leur âme et leur légitimité. Elles se sont en outre insérées dans le sillon de la corruption attachée à ce secteur industriel à l'échelle internationale.

9

Le vent de la corruption

En juin 2019, le maire d'un village du Pas-de-Calais en France a été condamné par la cour d'appel de Douai à une amende de trente mille euros pour prise illégale d'intérêts, pour avoir voté en faveur d'un projet d'éoliennes installées sur ses propres terres. L'arrêt mentionne que l'élu avait touché en contrepartie de cette installation, et ce jusqu'en 2015, plus de quatre cent mille euros de loyer[1].

Loin d'être un cas isolé, cette affaire illustre la mécanique de conflits d'intérêts ou de corruption à l'œuvre dans de nombreux pays. Si elle semble à première vue périphérique, la corruption est en réalité très fréquemment liée au processus d'installation des éoliennes. Celui-ci conduit à un repérage des territoires géographiques sous la tutelle de maires potentiellement accueillants aux aérogénérateurs en contrepartie d'un intéressement financier. Bien souvent sont mis en valeur les bénéfices fiscaux retirés par la

1. Arrêt du 3 juin 2019, n° 19/220, Cour d'appel de Douai, 6e chambre, Dossier n° RG 18/01143.

commune de ces opérations, mais l'argument masque parfois le profit retiré par les élus à titre personnel. Encore ne connaît-on probablement que la face émergée de l'iceberg de ce qui apparaît comme un phénomène d'ampleur.

En France, c'est en 2011, dans un village du département de l'Orne en Basse-Normandie, que commence la découverte d'une collusion très forte impliquant les propriétaires de terres destinées à recevoir des éoliennes, et des agriculteurs en charge de leur exploitation, l'exploitant étant également maire ou élu du village. A priori banale, l'affaire est aux prémisses du scandale de la corruption dans le secteur éolien, cette fois étendu à l'ensemble de l'Hexagone, selon un procédé toujours analogue, et caractéristique sur le plan pénal du délit de prise illégale d'intérêt prévu à l'article 432-12 du Code pénal[2].

La prise illégale d'intérêt est une forme de corruption, et s'intègre à ce titre dans la catégorie des infractions d'atteintes à la probité, comme peuvent l'être la corruption active et passive ou le trafic d'influences. Bien mise en évidence dans un ouvrage intitulé *La prise illégale d'intérêt… et comment s'en prémunir* par deux avocats pénalistes, Philippe Petit et Levent Saban, l'infraction est analysée[3] dans le but de dresser un état

2. Article 432-12 du Code pénal : « Le fait, par une personne dépositaire de l'autorité publique ou chargée d'une mission de service public ou par une personne investie d'un mandat électif public, de prendre, recevoir ou conserver, directement ou indirectement, un intérêt quelconque dans une entreprise ou dans une opération dont elle a, au moment de l'acte, en tout ou partie, la charge d'assurer la surveillance, l'administration, la liquidation ou le paiement, est puni de cinq ans d'emprisonnement et d'une amende de 500 000 €, dont le montant peut être porté au double du produit tiré de l'infraction. »

3. Philippe Petit et Levent Saban, *La prise illégale d'intérêt… et comment s'en prémunir*, Éditions Territorial, août 2006.

des lieux d'une infraction non intentionnelle. Les auteurs de l'ouvrage considèrent qu'elle peut « facilement se prévenir » de manière à éviter les « risques encourus [...], outre les sanctions pénales possibles (emprisonnement et/ou amende), des peines d'inéligibilité ». L'objectif assumé de l'ouvrage est ainsi de donner aux élus les clefs d'une infraction, dont les auteurs déplorent « qu'elle [soit] la moins identifiée en pratique par les élus et les agents[4] ».

En réalité, le délit de prise illégale d'intérêt est constitué par le fait, pour une personne dépositaire de l'autorité publique ou chargée d'une mission de service public, de tirer un intérêt direct ou indirect, quelconque, d'une opération dont il a la charge. Rapporté à l'éolien, c'est le fait pour un élu de participer au vote d'un projet concernant cette énergie ou à une délibération en lien avec ce projet, alors qu'il en retire un intérêt ou qu'un membre de sa famille est financièrement intéressé. L'intérêt peut ainsi être constitué à partir du moment où l'on accepte l'installation d'un mât de mesure, le passage de câbles, l'installation d'éoliennes sur ses terres en tant que propriétaire ou agriculteur exploitant, en contrepartie d'une rémunération ou d'un avantage. À titre d'information, l'installation d'éoliennes sur un terrain agricole rapporte entre cinq mille et dix mille euros par mât, somme répartie entre le propriétaire et l'agriculteur qui exploite la parcelle lorsqu'il s'agit de personnes différentes[5].

4. Nous renvoyons à la notice de présentation de l'ouvrage, dans sa quatrième de couverture.

5. Lorsque des terres agricoles sont la propriété d'un bailleur, les sommes versées au titre de l'installation d'éoliennes sont partagées en principe à hauteur de 50 % chacun entre le propriétaire de la parcelle et l'exploitant agricole *action-agricole-picarde.com/actualites/eolien-pour-l-exploitant-agricole-miracle-ou-arnaque : I94FZM29.html*

Non intentionnelle, l'infraction est constituée par la prise d'intérêt elle-même, que le juge sanctionne, indépendamment de l'intention de l'élu, et ce, de manière à assurer l'automaticité de la sanction. À partir du moment où l'élu a délibéré favorablement, alors qu'il est intéressé, il n'est donc pas nécessaire de démontrer l'intentionnalité des faits comme pour d'autres délits. Les seules preuves de l'intérêt direct ou indirect obtenues dans les dossiers administratifs, comme le numéro de la parcelle cadastrale des éoliennes, rapprochées d'une délibération favorable de l'élu au projet, permettent de porter plainte et d'obtenir une condamnation du tribunal correctionnel compétent, sauf prescription des faits.

Revenons à cette petite commune de Basse-Normandie. Après étude, il ressort de l'analyse de ce projet, engageant également plusieurs autres communes, que sept élus, dont deux maires, sont intéressés, à des titres divers, au sens de l'article 432-12 du Code pénal. Ces informations, vérifiées et contrôlées, furent signalées à une députée (aujourd'hui décédée) qui, en retour, n'hésita pas selon des témoins à proférer des conseils qu'on aurait pu trouver menaçants[6]. Elles furent aussi immédiatement dénoncées au préfet. Ce dernier ainsi que son secrétaire général prirent particulièrement au sérieux la gravité de la situation.

À la même date, en août 2011, paraît dans le journal satirique *Charlie Hebdo* le premier article[7] en France sur ce cas, donnant l'alerte sur les prises illégales d'intérêt

6. Propos tenus à un citoyen s'inquiétant des prises illégales d'intérêt dans le dossier administratif : « Attention, Monsieur, avec la prise illégale d'intérêt, vous ne viendrez pas vous plaindre après si on vous brûle votre maison… »

7. Laurent Léger, « Le conflit d'intérêts de la semaine. Dans l'Orne, des éoliennes très convoitées », in *Charlie Hebdo*, 3 août 2011.

dans ce secteur d'activité. En 2012, l'affaire prend une tournure nationale et s'impose comme un sujet de préoccupation pour les promoteurs éoliens. En mai, le quotidien économique français *La Tribune* publie un article au titre évocateur : « Et si des "prises illégales d'intérêts" menaçaient l'essor de l'éolien en France[8] ? » Il souligne que les plaintes déposées en 2011 ont été accueillies par le procureur de la République de l'Orne qui a ouvert des enquêtes préliminaires, mais également que cette affaire pourrait concerner l'ensemble des projets de centrales éoliennes et des zones de développement éolien en France.

Il suffit en effet de tirer sur la ficelle des prises illégales d'intérêt pour découvrir qu'elles prolifèrent à l'échelle industrielle dans ce secteur. En effet, à l'époque, tous les projets éoliens devaient être situés dans une ZDE (Zone de développement éolien). Pour créer une ZDE, il fallait des délibérations favorables des communes concernées par de potentielles installations sur leur territoire. L'ensemble des élus qui avaient préalablement signé des accords d'installation d'éoliennes avec les promoteurs ainsi que tous les élus qui avaient des terres dans la zone pouvaient dès lors se trouver en situation de prise illégale d'intérêt s'ils participaient aux délibérations de mise en place de ZDE. Au lieu de s'abstenir du vote et de quitter la salle, les élus ont souhaité au contraire afficher leur soutien, en contradiction avec les règles de déontologie les plus élémentaires.

La situation est alors partiellement connue de fonctionnaires, sur lesquels pèse en principe une obligation de dénoncer au procureur toute infraction dont ils auraient connaissance, en vertu de l'article L. 40

8. Dominique Pialot, « Et si des "prises illégales d'intérêts" menaçaient l'essor de l'éolien en France », in *La Tribune*, 11 mai 2012.

du Code de procédure pénale, en son alinéa 2[9]. Mais ils sont le plus souvent pris en tenaille entre les doctrines de leurs ministères de tutelle respectifs. À l'époque existe en effet sur le sujet une opposition forte entre les juristes du ministère de l'Intérieur, favorables au respect des textes juridiques, et ceux du ministère de l'Écologie, plus laxistes, estimant ces affaires vénielles.

Les premières condamnations pour prises illégales d'intérêt

C'est le sénateur de l'Orne Jean-Claude Lenoir (UMP)[10] qui ouvre le premier contre-feu. Il demande par une question orale en juillet 2012 au Sénat à Frédéric Cuvillier, ministre délégué auprès de la ministre de l'Écologie, ce que le gouvernement entendait mettre en œuvre afin d'éviter que des élus des communes rurales soient poursuivis et éventuellement condamnés dans le cadre de projets éoliens.

Tout en reconnaissant le fait que des élus pouvaient être poursuivis pour prise illégale d'intérêts dans le cadre des ZDE, le ministre élargit la réflexion à d'éventuelles modifications de la législation sur l'implantation des éoliennes et en particulier à l'idée soulevée par un autre sénateur, François Patriat (UMP) – ardent partisan

9. Alinéa 2 de l'article L. 40 du Code de procédure pénale : « Toute autorité constituée, tout officier public ou fonctionnaire qui, dans l'exercice de ses fonctions, acquiert la connaissance d'un crime ou d'un délit est tenu d'en donner avis sans délai au procureur de la République et de transmettre à ce magistrat tous les renseignements, procès-verbaux et actes qui y sont relatifs. »

10. Question orale n° 0013S de M. Jean-Claude Lenoir, sénateur (Orne – UMP), *JO Sénat*, 5 juillet 2012, p. 1429.

de l'éolien – de supprimer purement et simplement les zones de développement éolienne.

Neuf mois plus tard, François Brottes, député PS de la nouvelle majorité d'alors (voir chapitre précédent), a déposé un projet de loi dont l'objectif était de simplifier les règles d'implantation des éoliennes en France. Parmi les mesures, la suppression des ZDE était en première place. Elles furent donc définitivement supprimées par la promulgation de la loi Brottes d'avril 2013[11], entérinant ainsi la fin des potentielles poursuites pénales pour les élus qui auraient pu voter alors qu'ils y avaient un intérêt personnel ou familial dans le cadre des ZDE. Comme elles étaient supprimées, cela faisait disparaître mécaniquement un nombre considérable de prises illégales d'intérêt dans l'éolien, même s'il n'en demeurait pas moins qu'elles pouvaient encore exister dans le cadre des autorisations d'exploiter délivrées par les préfets, qui nécessitaient là encore les délibérations des conseils municipaux des communes concernées.

Entre-temps, en juillet 2013, le tribunal correctionnel d'Argentan condamna pour la première fois en France une élue pour prise illégale d'intérêt dans un projet éolien[12]. L'enquête révéla qu'en tout onze élus étaient concernés par ce délit, mais pour la plupart d'entre eux les faits étaient prescrits et ils ne pouvaient donc être condamnés.

Alors que le projet d'éoliennes concerné était largement entaché de prise illégale d'intérêts et que le

11. Loi n° 2013-312 du 15 avril 2013 visant à préparer la transition vers un système énergétique sobre et portant diverses dispositions sur la tarification de l'eau et sur les éoliennes, *JORF* n° 0089 du 16 avril 2013, p. 6208.

12. Yasmine Mousset, « Projet éolien : une élue ornaise condamnée », in *Ouest-France*, 2 octobre 2013.

préfet avait prévenu le commissaire enquêteur qu'il fallait en tenir compte, ce dernier donna finalement un avis favorable au projet éolien dans le cadre de son rapport d'enquête publique.

Cette première condamnation et celles qui suivront portèrent un coup à l'ensemble de la filière éolienne[13], touchée par la corruption, surtout par la prise illégale d'intérêts. En effet, dans les documents[14] distribués par les promoteurs éoliens, en particulier par le SER (Syndicat des énergies renouvelables) et FEE (France Énergie Éolienne), il est clairement mentionné que la toute première étape d'un projet d'aérogénérateur est la maîtrise foncière, c'est-à-dire le fait pour un promoteur éolien de signer avec les propriétaires terriens des contrats pour avoir la certitude de pouvoir installer les éoliennes. C'est à ce stade que les commerciaux des promoteurs prospectent les terres et signent avec les propriétaires terriens des promesses de baux à long terme, propriétaires qui sont souvent maires ou élus de la commune ou proches de ces derniers. C'est ainsi que cette technique permet aux promoteurs de « contrôler » en amont la future chaîne de délibération municipale nécessaire à l'aboutissement d'un projet de centrale éolienne.

D'après ce guide, il est clairement mentionné que cette maîtrise foncière est préalable à l'étude de faisabilité qui intègre la mise en place d'un mât de mesure. Or, cette deuxième étape implique souvent le vote favorable de la municipalité concernée, qui apparaît comme le premier signe d'adhésion de la commune au projet. Le promoteur

---

13. Grégoire Pinson, « Éolien : les recours judiciaires font souffler un vent de panique », in *Challenges*, 20 décembre 2014.

14. Guide de recommandations « Les Epl et l'éolien : modalités d'intervention des collectivités territoriales », par FEE, SER et Fédération des entreprises publiques locales, 2010, en particulier p. 11.

a parfaitement verrouillé l'accord des propriétaires et/ou élus avant tout vote par les conseils municipaux, à l'aide de promesses de baux emphytéotiques qui ont été conclus préalablement. Il n'est pas rare d'ailleurs que le signataire des baux s'engage à s'abstenir de tout recours contre le projet.

Par ce mécanisme simple, et dans la mesure où les promoteurs doivent avoir l'accord des propriétaires avant d'avoir celui de la commune, ils ont tout intérêt à proposer aux élus ou à leurs proches, souvent propriétaires ou agriculteurs exploitants, d'installer les éoliennes sur leurs propres terres. Il ne s'agit pas au sens propre du terme de corruption, qui consisterait à donner une somme d'argent aux élus en échange d'une délibération favorable. Cette pratique crée néanmoins les conditions favorables à un parc éolien sur une commune.

C'est une forme de corruption indirecte et c'est pour cela qu'elle est ainsi sanctionnée au titre de la prise illégale d'intérêt[15]. Cette pratique, loin d'être anecdotique, est institutionnalisée, si l'on peut dire. Un manuel juridique[16] toujours d'actualité détaille d'ailleurs comment saisir les procureurs de la République lorsque des faits avérés de prise illégale d'intérêts sont découverts dans le cadre d'un projet éolien.

En parallèle, à partir de 2012, le SCPC[17], autorité de lutte contre la corruption du ministère de la Justice,

15. La loi Brottes a supprimé les ZDE, donc toutes les prises illégales d'intérêt de ce chef ont disparu, mais d'autres délibérations comme les autorisations de passer un câble sur la commune n'empêchent pas d'être poursuivi pour prise illégale d'intérêt.

16. Voir le manuel *Les infractions pénales dans le cadre des projets éoliens*, 5 mars 2018, 4e version.

17. Le Service central de prévention de la corruption (SCPC) a été créé par la loi n° 93-122 du 29 janvier 1993 relative à la prévention de la corruption et à la transparence de la vie économique et des procédures publiques, à l'initiative de Pierre Bérégovoy, à l'époque Premier ministre.

est saisi par les associations écologistes des faits de prise illégales d'intérêt dont elles ont connaissance. Noël Pons, auteur d'une alerte sur la criminalité verte en 2010[18] et auteur d'un livre sur la corruption des élites en 2012[19] a été conseiller au sein du SCPC.

Y affluent désormais les plaintes pour prises illégales d'intérêt dans l'éolien systématiquement envoyées en copie au SCPC, et transmises par ce biais aux procureurs de la République en vue de l'ouverture d'une enquête préliminaire. Les procureurs de la République étant saisis à la fois des citoyens lanceurs d'alerte et le ministère de la Justice pouvaient de ce fait difficilement classer sans suite et ouvraient systématiquement des enquêtes préliminaires.

L'alerte sur les prises illégales d'intérêt par le SCPC

En juillet 2014, le SCPC, ayant constaté que les prises illégales d'intérêt étaient récurrentes, et avec un mode opératoire analogue, décide d'émettre une alerte dans son rapport d'activité pour 2013 à l'attention du Premier ministre et du ministre de la Justice[20].

Dans ce document est évoqué un « phénomène d'ampleur » : « Le développement de l'activité éolienne semble s'accompagner de nombreux cas de prises illégales

18. « La criminalité verte », Notes d'alertes du département de recherche sur les menaces criminelles contemporaines, Institut de criminologie de Paris-Université – Paris II Panthéon Assas, novembre 2010.
19. Noël Pons, « La Corruption des élites : Expertise, lobbying, conflits d'intérêts », Éditions Odile Jacob, 5 avril 2012.
20. Rapport pour l'année 2013 au Premier ministre et au garde des Sceaux, ministre de la Justice, SCPC, p. 119-120 et p. 123. *La Documentation française*, juillet 2014.

d'intérêt impliquant des élus locaux. » Il ajoute que les élus visés sont attirés par « les revenus substantiels tirés de l'implantation d'éoliennes sur des terrains leur appartenant et par un régime fiscal favorable ». Il émet ensuite une alerte :

> *Le Service appelle donc l'attention des pouvoirs publics sur la gravité de ce phénomène et rappelle qu'il est impératif d'empêcher et de sanctionner toute confusion entre l'intérêt public, que doivent servir les élus dans le cadre de leur mandat, et l'intérêt personnel qu'ils peuvent retirer d'une opération qui peut s'avérer litigieuse, particulièrement lorsque ces mêmes élus sont susceptibles de percevoir des redevances de location pour l'implantation d'éoliennes sur des terrains leur appartenant ou propriété de leurs proches. Il existe en effet un risque de développement d'atteintes à la probité beaucoup plus graves, comme celui de la corruption. Ce phénomène a déjà pu être constaté dans certains pays européens, dans lesquels serait impliquée la criminalité organisée.*

Dévoilé dans la presse[21], ce rapport a fait l'effet d'une bombe dans le secteur de l'éolien. Il fut suivi d'une série d'émissions de radio[22] et télévisées[23] et d'articles, y compris dans la presse étrangère[24]. L'affaire eut un tel retentissement qu'un syndicat de promoteurs éoliens,

21. Delphine de Mallevoüe, « Parcs éoliens : alerte à la corruption des élus », in *Le Figaro*, 3 juillet 2014.
22. Zoom de la Rédaction, « Éoliennes : le vent de la corruption », France Inter, 26 septembre 2014.
23. Émission « Pièces à conviction » : « À qui profitent les éoliennes », France 3, diffusée le 6 mai 2015.
24. Ken Seaton, « Mafia alert raised over wind farms », in *The Connexion*, n° 142, août 2014.

France Énergie Éolienne, suggéra sans complexe dans une lettre à une cinquantaine de députés de l'Assemblée nationale d'accélérer la réforme du délit de prise illégale d'intérêt afin d'éviter « que cette infraction ne soit instrumentalisée par les anti-éoliens » qualifiés pour l'occasion dans ce courrier de « militants antirépublicains » (*sic*)[25]. Immédiatement, la presse[26] s'empara de l'information pour dénoncer ces pratiques de lobbying d'autant plus gênantes et agressives qu'en l'occurrence un syndicat professionnel suggérait nettement aux députés de réformer une infraction pénale qui concernait sa filière.

Cette démarche visait à assouplir la définition de la prise illégale d'intérêts. Si elle avait abouti, elle aurait amené, en vertu du principe d'application de la loi pénale la plus douce (qu'on appelle rétroactivité *in mitius*), à l'annulation rétroactive de l'ensemble des poursuites en cours, d'où l'insistance et la prise de risque que constituait un tel courrier aux députés.

Finalement, cette vaste opération de lobbying fut un échec cuisant pour les promoteurs : sa médiatisation eut l'effet paradoxal de clore les discussions justement en cours à l'Assemblée sur l'opportunité d'une réforme de la prise illégale d'intérêts. La commission des lois a même purement et simplement annulé la réforme en cours et le président du syndicat des promoteurs éoliens a démissionné.

Depuis, la justice française a prononcé de très nombreuses condamnations pour prise illégale d'intérêts, toutes régions confondues. De nombreux exemples peuvent être relevés qui attestent de la convergence des

25. Courrier à environ cinquante députés de Frédéric Lanöe, président de France Énergie Éolienne, Paris, 8 décembre 2014.

26. Delphine de Mallevoüe, « Les opérateurs éoliens lancent un SOS à l'Assemblée nationale », in *Le Figaro*, 17 décembre 2014.

pratiques. L'une des premières condamnations concerne six élus du village de Laramière dans le Lot : le maire du village, ainsi que cinq conseillers municipaux ont été condamnés le 23 octobre 2014 par le tribunal correctionnel de Cahors[27] sur le fondement du délit de prise illégale d'intérêts à des peines d'amendes. Ces élus n'ont même pas interjeté appel.

Quelques mois plus tard, une conseillère municipale de Mélagues, dans l'Aveyron, a été, quant à elle, privée de tous droits civiques, civils et familiaux par le tribunal de Rodez pour une durée de deux ans, ainsi qu'à des condamnations pécuniaires pour avoir délibéré et voté en faveur de l'implantation de quatre éoliennes, susceptibles de rapporter trente-six mille huit cents euros de loyer par an, sur un terrain appartenant à son mari. En 2015[28], trois élus sont à leur tour condamnés par le tribunal de Poitiers pour avoir pris des intérêts dans une délibération favorable à un projet éolien[29].

En quelques années, c'est plus de deux cents plaintes qui ont été recensées sur l'ensemble du territoire national, au point que le *Courrier des maires* alerte ses lecteurs du danger des délibérations sur le thème de l'éolien[30]. Pour en finir, il conviendrait que les élus intéressés se retirent de la délibération, comme l'exige notre législation. En réalité, ces élus ont malgré tout tendance à rester afin d'éviter que les conseillers municipaux restant, une fois libres de la pression, votent contre le projet, ou émettent

27. Tribunal correctionnel de Cahors, 23 octobre 2014, N° de minute 538/2014 ; jugement définitif.

28. Tribunal correctionnel de Rodez, 2 avril 2014 ; N° de minute 360/2014 ; jugement définitif sur l'aspect pénal.

29. Tribunal correctionnel de Poitiers, 26 février 2015 ; N° de minute 286/2015 ; jugement définitif.

30. Jérôme Léron, « Prise illégale d'intérêts et installations d'éoliennes », in *Le Courrier des maires*, n° 0289, 9 avril 2015.

de larges réserves. En dépit des alertes – des conseillers juridiques d'élus, des citoyens eux-mêmes hostiles au projet ou de l'avertissement des préfets – les poursuites et les condamnations perdurent.

Encore très récemment, en décembre 2017, le maire d'un village du Nord est condamné à cinquante mille euros d'amende par le tribunal correctionnel d'Arras[31]. Le 6 mars 2018, deux élus sont sanctionnés par le tribunal correctionnel de Lons-Le-Saunier[32]. Dans les Hauts-de-France, deux élus intéressés à hauteur de cent trente mille quatre cents euros, en contrepartie de l'implantation de six éoliennes, sont également condamnés par le tribunal de Laon, qui a examiné à lui seul une vingtaine de dossiers similaires dans la région. Dans ces affaires, les sanctions vont de la condamnation avec reconnaissance de culpabilité au simple rappel à la loi dans les cas où les élus n'ont encore rien touché. Encore récemment, deux élus ont été condamnés le 4 avril 2019 par le tribunal correctionnel de Poitiers pour prise illégale d'intérêts dans un projet éolien[33]. Certains élus ont pu échapper à la condamnation en raison de la prescription[34], les projets éoliens étant très souvent dans un premier temps soigneusement camouflés par les élus qui entendent en tirer profit, les délibérations entachées de prise illégale d'intérêts ne sont dévoilées que tardivement, parfois longtemps après la commission de l'infraction, dans

31. David Derieux, « Monchel-sur-Canche. Le maire condamné à 50 000 euros d'amende dans l'affaire des éoliennes », in *La Voix du Nord*, 21 décembre 2017.

32. « Projet éolien : le maire et deux élus de Gendrey condamnés pour prise illégale d'intérêt », in *Le Progrès*, 6 mars 2018.

33. Xavier Benoît, « Éoliennes et prise illégale d'intérêts dans le sud Vienne : amendes pour deux élus », in *Centrepresse*, 4 avril 2019.

34. Célia Vanier, « Éolien : deux élus municipaux jugés pour prise illégale d'intérêts », in France 3 Hauts-de-France, 11 janvier 2018.

le cadre de l'étude du dossier administratif. En effet, ce dernier n'est accessible qu'une fois les autorisations d'exploiter délivrées par le préfet.

Les prises d'intérêt ne sont donc pas des comportements exceptionnels, qui concerneraient une infime minorité d'élus. Le Service central de prévention de la corruption, dans son rapport de 2014, évoquait d'ailleurs un phénomène d'ampleur qui concernait une grande partie du territoire national[35] et les condamnations judiciaires accréditent ses conclusions. Le rapport soulignait par ailleurs la pression qu'exerçaient les promoteurs éoliens sur les élus dans le cadre de « Chartes d'étroite collaboration[36] » qu'ils leur faisaient signer, supprimant ainsi tout esprit critique lors de l'instruction des autorisations d'installation des éoliennes.

On peut se réjouir du travail objectif du SCPC en la matière, et du rôle important qu'il entendait jouer dans la moralisation de la vie publique, au point d'accorder au secteur de l'éolien une grande partie de son temps et de son personnel. Mais sa suppression par le gouvernement en mars 2017[37] et sa substitution par une nouvelle Agence française anticorruption signa la fin de la centralisation des affaires de corruption et de prise illégales d'intérêt dans l'éolien. Au sein de cette agence, les conseillers chargés de l'éolien furent mutés à d'autres fonctions sans aucune continuité. Tout le travail de centralisation et d'expertise autour des phénomènes

35. Rapport pour l'année 2013 au Premier ministre et au garde des Sceaux, ministre de la Justice, SCPC, p. 119-120 et p. 123. *La Documentation française*, juillet 2014, p. 119.

36. *Ibid.*, Rapport pour l'année 2013 au Premier ministre et au garde des Sceaux, ministre de la Justice, SCPC, p. 119-120 et p. 123. *La Documentation française*, juillet 2014.

37. Décret n° 2017-329 du 14 mars 2017 relatif à l'Agence française anticorruption JORF n°0063 du 15 mars 2017.

relevant de la corruption dans l'éolien a été laissé en jachère et le suivi des affaires pour lesquelles certaines juridictions avaient parfois demandé une aide au SCPC a été abandonné. Le tableau de bord documenté des affaires en cours qui avait été créé et les audits envisagés dans la France entière sur le sujet auprès des juridictions ou des brigades de gendarmeries ont été malheureusement abandonnés. La suppression du SCPC est donc très avantageuse pour les promoteurs éoliens, inquiets de la multiplication des dénonciations des prises illégales d'intérêts dans leur secteur[38]. Ce qu'ils n'avaient pas obtenu à l'Assemblée nationale, ils l'avaient obtenu par la suppression du SCPC.

Quel est l'intérêt pour le gouvernement d'entraver une telle action de lutte contre les atteintes à la probité dans l'éolien ?

Loin d'être un phénomène franco-français, ces conflits d'intérêts des élus qui installent des éoliennes sur leurs propres terres s'observent partout. En Suisse, les associations écologistes ont pu dévoiler et dénoncer ce type de pratiques[39], qui concernent du reste aussi bien des élus que des professionnels ou des associations travaillant avec les municipalités.

De nombreuses professions impliquées

Les atteintes à la probité dans le domaine éolien s'étendent à de nombreux professionnels qui, en lien direct ou indirect avec les promoteurs éoliens, sont appelés

38. Grégoire Pinson, « Éolien : les recours judiciaires font souffler un vent de panique », in *Challenges*, 20 décembre 2014.
39. Lea Gloor et Matthieu Henguely, « Les Verrières : les anti-éoliens dénoncent un conflit d'intérêts », in *Archinfo*, 8 juin 2016.

à l'étude des projets. Il existe ainsi un nombre important de cas édifiants de professionnels se retrouvant, soit en situation de conflit d'intérêts, soit en situation d'atteinte à la probité. Le milieu de l'éolien s'accompagne souvent de comportements douteux qui discréditent l'ensemble de la chaîne décisionnelle.

Un des cas les plus emblématiques est celui du maire du village de Tigné, dans le Maine-et-Loire, Benoît Onillon. Géomètre-expert d'un promoteur éolien, il intervenait pour l'implantation d'un parc éolien sur sa commune. En tant que maire, il avait voté, sans surprise, en faveur du projet lors des délibérations nécessaires à l'implantation du parc. Il existait donc un conflit réel entre sa situation professionnelle et son rôle de maire du village. Si une grande partie des délibérations étaient prescrites, il en subsistait toutefois une de 2015, non prescrite, qui concernait des autorisations de passage de câbles indispensables au projet éolien sur sa commune.

Le tribunal correctionnel de Saumur a considéré que cette délibération suffisait à caractériser le délit de prise illégale d'intérêt et a condamné en décembre 2016 le maire de Tigné à cinq mille euros d'amende. Le procureur de la République avait demandé une peine, beaucoup plus sévère, de quarante-cinq mille euros d'amende. Il avait considéré que la situation de Benoît Onillon était aggravée par le fait qu'il ait été également expert judiciaire auprès du tribunal de grande instance de Saumur et de la cour d'appel d'Angers : le maire de Tigné avait donc prêté serment d'impartialité lorsqu'il avait été nommé expert auprès des tribunaux. C'est dire qu'il était parfaitement renseigné sur la particulière diligence à laquelle il est soumis dans le cadre de son activité professionnelle, mais également dans celui de son rôle de maire de sa commune.

Benoît Onillon a démissionné de son poste de maire quelques semaines après sa condamnation[40] et n'a pas interjeté appel de la décision du tribunal correctionnel. Cependant, il peut paraître surprenant qu'en dépit de cette condamnation, la cour d'appel d'Angers le maintienne, malgré cette condamnation passée en force de chose jugée, dans sa liste d'experts judiciaires[41]. Cette situation est d'autant plus surprenante que l'article 2 du décret de 2004[42] organisant la fonction d'expert judiciaire en France précise qu'une personne physique ne peut être inscrite ou réinscrite sur une liste d'experts si elle est l'auteur de faits contraires à l'honneur, à la probité et aux bonnes mœurs.

Ce cas limite souligne la porosité de ce type de comportements qui concernent une variété impressionnante de personnes soumises à des règles de déontologie précises.

En 2016, une affaire[43] a défrayé la chronique en Bourgogne. Elle impliquait une commissaire enquêtrice en potentielle situation de conflit d'intérêts. Comme nous avons pu le voir (chapitre 5), les commissaires enquêteurs sont des citoyens chargés d'organiser les enquêtes publiques organisées par le préfet lors de tout projet d'implantation d'éoliennes. Ils doivent témoigner de leur capacité à faire preuve d'objectivité, impartialité et diligence et doivent signaler au président du tribunal

40. « Tigné. Le maire Benoît Onillon démissionne : élection fixée au 9 mars », *Le courrier de l'Ouest*, 29 janvier 2017.

41. Liste des experts judiciaires, année 2019, Assemblée générale des magistrats du siège de la cour d'appel d'Angers du 30 octobre 2018, voir p. 38.

42. Décret n° 2004-1463 du 23 décembre 2004 relatif aux experts judiciaires. NOR : JUSC0420950D.

43. Delphine de Mallevoüe, « Éoliennes, le vent mauvais de la suspicion », in *Le Figaro*, 30 mai 2016.

administratif tout conflit d'intérêts. L'article R. 123-4 du Code de l'environnement prohibe la nomination d'un commissaire enquêteur qui a ou a pu avoir des intérêts dans le cadre du projet ou a eu des liens avec les opérateurs du projet. Cette question, qui soulève souvent des difficultés, a d'ailleurs fait l'objet d'une question écrite à l'Assemblée nationale de janvier 2018 de la députée Barbara Pompili[44] (LREM).

Dans le dossier qui nous intéresse, la commissaire enquêtrice avait été nommée pour assurer l'enquête publique sur un projet de centrale éolienne porté par une filiale d'Engie en Côte-d'Or, sur les communes de Fontangy, Missery et Noidan, alors même qu'elle aurait été également gérante et associée d'une société spécialisée dans l'électronique prestataire d'Engie. Il existait dans le même dossier un grand nombre de prises illégales d'intérêts d'élus concernés à titre personnel. La commissaire enquêtrice n'en a pas tenu compte dans son avis et n'a pas transmis au procureur de la République les infractions dévoilées par son enquête. Comme dans un certain nombre de dossiers, la plainte pour prise illégale d'intérêts et pour complicité du même délit contre la commissaire enquêtrice fut de fait classée sans suite par le procureur de la République.

Autre affaire sidérante, celle du haras de Goulet, dans l'Orne. Elle souligne les conséquences humaines d'une forme d'indifférence des politiques publiques aux personnes directement touchées. La jeune femme concernée rêvait d'ouvrir en Normandie une clinique de soins et de repos pour les chevaux. Heureuse d'avoir trouvé le lieu parfait pour son implantation, mais prudente, elle prend le soin de demander au notaire

44. Question n° 4650 du 23 janvier 2018, Question écrite de Mme Barbara Pompili (LREM – Somme).

ainsi qu'à la Safer[45], société chargée de la cohérence des ventes des terres agricoles, de vérifier s'il existe des projets susceptibles de perturber sa future activité, précisant spécifiquement : « éolienne, projet de routes ou gros travaux ». Satisfaite de l'absence de troubles potentiels, elle se porte acquéreur du haras pour la somme de cinq cent trente mille euros, plaçant ainsi toutes les économies de ses parents, et signe l'achat chez le notaire à l'été 2012. Ni le vendeur – qui avait d'ailleurs adhéré à une association anti-éolienne locale –, ni la Safer, ni le notaire ne l'avaient informée de l'existence d'un projet connu d'eux de dix éoliennes dont les plus proches étaient situées à cent mètres de son terrain. Elle ne l'apprit qu'après la signature de l'acte. Le notaire, bien qu'informé par le maire de la commune qu'il existait un permis de construire déposé pour un parc éolien, occulta cette information capitale lors de la rédaction de son acte de vente.

Au terme de quatre années de procédure, en mars 2016, la vente du haras a été annulée, mais aussi la responsabilité du vendeur, de la Safer et du notaire, lourdement mis en cause par le tribunal de grande instance d'Argentan[46]. Le vendeur a été condamné à rembourser les acheteurs, mais son insolvabilité (mise en place ultérieurement) fait obstacle au dédommagement. Reste aux victimes à porter l'action au pénal : l'affaire peut relever, concernant le notaire, du crime

45. Les Sociétés d'aménagement foncier et d'établissement rural (Safer) permettent à tout porteur de projet viable – qu'il soit agricole, artisanal, de service, résidentiel ou environnemental – de s'installer en milieu rural. Les projets doivent être en cohérence avec les politiques locales et répondre à l'intérêt général.

46. Guillaume Chazouillères, « Scandale immobilier : le vendeur d'un haras et son notaire condamnés pour avoir dissimulé un projet éolien ! », in *Capital*, 22 mars 2016.

de faux en écriture publique prévu par l'article 441-4 du Code pénal. Les acheteurs ont porté plainte de ce chef d'accusation et les poursuites civiles et pénales sont toujours en cours. Mais rien n'avance…

En Occitanie, à Lacaune, petit village du Tarn, le maire André Cabrol a été mis en examen en décembre 2015 pour prise illégale d'intérêts et mis sous contrôle judiciaire par le juge d'instruction de Castres[47]. Son adjoint de l'époque, Michel Valette, a été mis en examen pour complicité. Le dossier est explosif puisqu'il a pour protagonistes des membres du cabinet du ministre de la Défense d'alors, Hervé Morin, le député de la région, et des officiers supérieurs et généraux de l'Armée de l'air. André Cabrol souhaitait faire installer des éoliennes sur ses terres, alors qu'elles se situaient dans une zone classée comme « réseau de vol à très basse altitude » pour les avions de chasse, entraînant normalement un avis défavorable de l'autorité militaire pour tout projet éolien.

Dans un premier temps, le commandement de la défense aérienne de la zone sud avait souligné dans une fiche du 13 janvier 2009[48] qu'en vertu d'une décision du 21 mars 2008, un avis défavorable avait été rendu. Dans ce document, qui réitère la position négative, le colonel précise même : « Les éoliennes PV10 et PV14 ne doivent pas faire l'objet d'un traitement particulier même s'il apparaît qu'elles seraient situées sur des parcelles appartenant au maire de Lacaune[49]. » Le militaire souligne les raisons de sécurité qui motivent son refus, insistant

47. Jean-Marc Guilbert, « Projet éolien : André Cabrol, l'ancien maire de Lacaune mis en examen », in *La Dépêche*, 11 décembre 2015.

48. Fiche relative à un projet de parc éolien dans le département du Tarn (81) sur la commune de Lacaune n° 73/CDAOA/EAD SUD/CIRCAE/ENV. AERO, 13 janvier 2009.

49. *Ibid.*, p. 9.

sur le fait qu'en cas d'avis favorable, il y aurait lieu de changer les consignes de vols afin que les pilotes puissent effectuer leur mission en toute sécurité.

Déterminé, le maire de Lacaune réussit à obtenir, par l'entremise du député Philippe Folliot, deux rendez-vous, accompagné de ce dernier avec le cabinet du ministre de la Défense le 26 novembre 2008 et le 21 janvier 2009. Le 29 janvier 2009, le cabinet du ministre de la Défense – bien qu'informé que les éoliennes n'étaient pas sur les terres communales mais bel et bien sur les terres personnelles du maire – envoyait un courrier au général chargé du commandement de la défense aérienne pour lui signifier l'avis finalement favorable accordé au projet de centrale éolienne située sur les parcelles du maire de Lacaune. L'affaire, qui est loin d'être banale, est toujours sur le bureau du juge d'instruction. À ce jour, ce maire, soupçonné de prise illégale d'intérêts, n'a toujours pas été renvoyé devant le tribunal correctionnel.

Les promoteurs éoliens se plaignaient des contraintes imposées par l'armée[50], et exerçaient des pressions pour obtenir un infléchissement des protections existant soit au titre des radars militaires, soit au titre des couloirs aériens militaires. Après des années de lobbying intensif, ils ont obtenu la capitulation de l'Armée de l'air. Dans une note du 29 janvier 2019[51], la direction du Service aéronautique d'État concède neuf mille kilomètres carrés de zones militaires susceptibles désormais de recevoir des

50. Stéphane Mandard, « Les contraintes militaires croissantes menacent la filière éolienne terrestre », in *Le Monde*, 13 octobre 2017.
51. Document de synthèse de la Direction de la sécurité aéronautique d'État, « Réévaluation des zones propices au développement de l'éolien », ministère des Armées, 29 janvier 2019.

éoliennes[52], au mépris des enjeux de défense nationale et de la nécessaire sécurisation de nos zones de vols militaires.

Des cas dans le monde entier

Si la prise illégale d'intérêt est facile à prouver en France, dans la mesure où des éléments tangibles se trouvent dans le dossier administratif des préfectures, il est beaucoup plus difficile de documenter des faits de corruption par des dons d'argent en échange d'une décision favorable. En revanche, partout dans le monde sont révélés des faits indéniables de corruption dans le secteur éolien. Un nombre important d'enquêtes judiciaires sont en cours, diligentées sur la base de soupçons de corruption. La situation est telle que la corruption dans l'éolien semble alimenter un système institutionnalisé à l'échelle mondiale.

Un article publié[53] en Italie en 2016 par deux chercheurs spécialistes des énergies renouvelables, Caterina Gennaioli[54] et Massimo Tavoni, analyse[55] les liens existant entre les politiques publiques et la corruption autour des énergies éoliennes. Ils démontrent que les énergies renouvelables subventionnées par le public attirent des appétits criminels et favorisent la

52. Luc-Antoine Lenoir, « L'armée rogne ses zones de vol pour laisser la place à de futures éoliennes », in *Le Figaro*, 7 février 2019.

53. Caterina Gennaioli et Massimo Tavoni, « Clean or dirty energy : evidence of corruption, in the renewable energy sector », in *Public Choice*, mars 2016, Volume 166, Issue 3-4, p. 261-290.

54. Centre for Climate Change Economics and Policy, and Grantham Research Institute on Climate Change and the Environment, London School of Economics and Political Science, London WC2A 2AE, UK.

55. Cf. *infra* notre chapitre 10 sur la mafia et l'éolien.

formation d'associations criminelles entre entrepreneurs et politiciens capables d'influencer le processus d'autorisation d'exploitation. L'actualité au niveau international leur donne malheureusement raison.

En Suisse

Les SIG (Services industriels de Genève) sont la régie publique qui fournit trois cent mille clients du canton de Genève en eau, gaz, électricité et énergie thermique. Un de ses employés a été poursuivi par le tribunal de police de Genève pour des faits de corruption dans le domaine éolien. Il avait, d'une part, demandé à un chef d'entreprise cent mille francs suisses (alors environ soixante-dix mille euros) en contrepartie de son soutien au projet, au titre de sa compétence acquise dans le secteur, lors d'un déjeuner en 2010. D'autre part, sa femme avait également reçu cent quatre-vingt mille francs suisses (cent vingt-cinq mille euros) d'une société éolienne pour la rédaction d'un ouvrage à la gloire de l'éolien et qui en réalité servait de maquillage au soutien de la société par son mari. En appel, la condamnation de l'employé des SIG fut alourdie et sa responsabilité pénale, ainsi que celle du promoteur éolien qui avait versé de l'argent à sa femme, furent reconnues[56]. La cour d'appel de Genève a condamné l'employé à 2 ans de prison avec sursis ainsi qu'à une peine de 100 000 francs due à l'État. L'entrepreneur corrupteur a été condamné à 300 jours-amendes. En revanche, la cour a refusé de condamner le salarié des SIG et l'entrepreneur à l'interdiction de travailler dans le secteur public ou en contact avec celui-ci, sanction requise par le ministère public.

56. Fati Mansour, « Corruption aux SIG : le dossier de l'éolien s'alourdit en appel », in *Le Temps*, 22 février 2017.

En Bulgarie

Temenoujka Petkova, la ministre de l'Énergie, a été contrainte à la démission en février 2018 après avoir été soupçonnée d'être impliquée dans une affaire de corruption liée à l'achat par Inercom, société détenant des centrales éoliennes, de la plus importante société privée de production et de distribution d'électricité bulgare CEZ Bulgaria. La ministre connaissait personnellement la propriétaire de la petite société susceptible de racheter le géant électrique bulgare. Le président de la commission parlementaire sur l'Énergie a été étonné qu'une société ayant quarante-cinq mille euros d'actifs puisse se porter acquéreur d'un géant réalisant neuf cents millions d'euros de chiffre d'affaires, accentuant ainsi les soupçons pesant sur la ministre de l'Énergie[57].

En Espagne

Dans ce pays qui a mené une politique intensive d'installation d'éoliennes, de très nombreux élus se trouvent compromis dans des affaires au retentissement international, qu'ils soient simplement poursuivis ou condamnés pour corruption.

En Aragon, María Victoria Pinilla, ancienne édile de La Muela, un village de cinq mille habitants, a été poursuivie au titre de vingt-quatre chefs d'inculpation[58] en 2009 après la plainte d'un conseiller local du Parti populaire (PP). Intitulée par les enquêteurs « Operación molinos » (Opération Moulins), la procédure judiciaire a nécessité six ans d'enquête pour aboutir à la plus

57. Nickolay Doychinov, « Bulgarie : démission de la ministre de l'Énergie sur des soupçons de corruption », in RTBF / AFP, 23 février 2018.

58. « La reina del viento se sienta en el banquillo por corrupción urbanística », in *El País*, 15 décembre 2015.

importante affaire de corruption et de prévarication de l'histoire de l'Aragon. Reconnue coupable, María Victoria Pinilla a été d'abord condamnée le 23 septembre 2016 par le tribunal de Saragosse à dix-sept ans de prison ferme, à dix millions d'euros d'amende et à soixante-dix-huit ans d'interdiction d'exercer des fonctions officielles ou publiques pour les délits de prévarication, de corruption, de fraude fiscale, de blanchiment d'argent et le trafic d'influence au titre de ses activités dans le domaine éolien et urbanistique[59] !

Surnommée « la reine du vent », l'ancienne maire était en effet au centre d'un vaste système de corruption. Près de cinq cents mâts éoliens ont ainsi été installés sur les terres du village, et l'argent récolté à l'occasion de la vente et de la location de fermes en a fait l'un des plus riches d'Espagne. En dix ans, sa population a été multipliée par cinq et est passée de huit cents à cinq mille habitants. Par la suite, l'ensemble des projets urbains du village ont été prétexte à des opérations frauduleuses, dont l'élue faisait bénéficier ses proches et sa famille : trente-six personnes furent elles-mêmes condamnées soit à des peines de prison, soit à des amendes substantielles. En mai 2018, le tribunal suprême espagnol[60], sans remettre en cause les chefs d'accusation, a annulé la condamnation de l'édile sur le fondement de l'atteinte au droit de la défense lors de la première instance. Après renvoi de l'affaire au tribunal de Saragosse, María Victoria Pinilla a été condamnée définitivement à seize années de prison et huit millions quatre cent mille euros pour onze infractions liées à la corruption (blanchiment

59. « La exalcaldesa de La Muela, condenada a 17 años de prisión por corrupción urbanística », in *El País*, 29 septembre 2016.
60. « El Supremo ordena repetir el juicio a la alcaldesa de La Muela, que fue condenada a 17 años de cárcel », in *El Pais*, 8 mai 2018.

d'argent, fraude à l'administration publique, prévarication administrative et détournement de fonds, ainsi que d'autres atteintes au Trésor public[61]). Six autres élus ont été également condamnés à des peines allant de sept mois à six ans de prison.

En Castille-et-León également, les éoliennes se trouvent au cœur d'une énorme affaire de corruption qui a impliqué grand nombre d'élus de la région, à tel point que certains promoteurs éoliens ont rebaptisé la région « Sicilia y León[62] ». L'affaire concerne les autorisations d'implantation des éoliennes dans la région qui connaît la plus grande concentration de centrales éoliennes en Espagne – environ deux cent quarante et un – représentant 24 % de la puissance installée dans le pays.

L'agence fiscale espagnole a dévoilé en 2015 un système de commission de l'ordre de cent millions d'euros dans cette région dans le cadre d'attribution d'autorisations d'implantation de centrales éoliennes[63]. La plainte, déposée en 2017 par le Service anticorruption de Valladolid avec l'accord du procureur général, concerne un véritable système organisé par certains élus et fonctionnaires. Ces derniers exigeaient que des chefs d'entreprises locaux soient associés à hauteur d'environ 40 % de tout projet éolien, pour accorder l'autorisation d'exploitation de la centrale. Une fois actionnaires de 40 % des projets, les entrepreneurs locaux revendaient leur participation au producteur d'électricité Iberdrola.

Un nombre important de personnes sont poursuivies : parmi elles Rafael Delgado, l'ancien vice-ministre de

---

61. « La exalcaldesa de La Muela, condenada a 16 años por corrupción », in *El Pais*, 3 juillet 2019.
62. Voir chapitre suivant.
63. Fernando Garea et Rafael Méndez, « Hacienda detecta comisiones en la autorización de parques eólicos », in *El País*, 20 avril 2015.

l'Économie de la région, mais aussi des chefs d'entreprise, des fonctionnaires et des salariés de la société d'électricité Iberdrola. En tout, vingt et une personnes sont accusées de corruption, prévarication, blanchiment d'argent, délit fiscal et trafic d'influence[64]. La société Iberdrola, qui avait mis en place avec la région des systèmes lui permettant de récupérer l'intégralité des actions des centrales éoliennes de la région grâce à une filiale locale, est également poursuivie au titre de quatre chefs d'accusation. L'affaire est en cours et se trouve au cœur des enjeux politiques espagnols concernant la question épineuse de la corruption. Compte tenu de la particulière complexité de l'affaire, le juge d'instruction Javier de Blas García a demandé à la Cour supérieure de justice de Castille-et-León de lui octroyer des renforts pour réaliser son enquête[65].

Au Canada

Dans la région de l'Ontario, des plaintes ont été déposées en 2015 par des associations écologistes et de défense de l'environnement contre la société NextEra Renewal – un producteur américain d'électricité d'origine éolienne. La plainte alléguait que NextEra Energy, basée en Floride, et Renewable Energy Systems Americas, au Colorado, avaient enfreint la loi américaine sur les pratiques de corruption (*Foreign Corrupt Practices Act*) lorsque leurs filiales canadiennes avaient offert une compensation financière en échange de résolutions des

64. Beatriz Parera et Rafael Méndez, « Anticorrupción denuncia la trama eólica : 80 millones en comisiones en Castilla y León », in *El confidencial*, 29 avril 2017.
65. Maria R. Mayor, « El TSJ pide refuerzos al CGPJ para el juez que investiga la "trama eólica" », in *Diario de Valladolid*, 5 juin 2019.

municipalités favorables à l'installation d'éoliennes sur leur territoire[66].

En France

Des plaintes et des enquêtes pour corruption existent, en particulier dans le secteur des éoliennes en mer actuellement en projet au bord du littoral. Le site d'information et d'investigation Médiapart révélait en 2015 que, selon certains documents, GDF-Suez (désormais baptisé Engie) aurait versé des sommes d'argent à un mandataire judiciaire pour obtenir son vote, lors d'un conseil d'administration décisif sur le second appel d'offres de l'État sur l'éolien marin[67]. Le site nous informait qu'une information judiciaire pour corruption active et abus de biens sociaux avait été ouverte par le parquet de Montpellier à ce sujet.

Concernant les éoliennes en mer envisagées entre les îles d'Yeu et de Noirmoutier dans des zones protégées par un contrat Natura 2000, le collectif écologiste Touche pas à nos îles a découvert que la société EMYN, porteuse du projet (dont Engie est l'actionnaire principal), aurait versé des sommes d'argent aux communes concernées pour financer des spectacles culturels, mais également un demi-million d'euros à la société du Vendée Globe. Cette dernière est elle-même détenue majoritairement par le Conseil départemental de Vendée, appelé à défendre sa position dans le cadre de l'enquête publique du printemps 2018. Le procureur de la République des

66. John Laforet, « Corruption In The Green Energy Sector Costs Ontarians », in *Huffingtonpost*, 26 novembre 2015.
67. Geoffrey Livolsi, « Une enquête pour corruption ouverte contre GDF-Suez », in *Médiapart*, 6 mai 2015.

Sables d'Olonnes a également fait ouvrir une enquête préliminaire dans ce dossier[68].

La corruption dans le domaine éolien est donc particulièrement aggravée, dans la mesure où elle pervertit un idéal de protection de la nature et de l'environnement, salissant l'écologie vertueuse. L'argument consistant à minimiser la corruption dans l'éolien sous prétexte qu'il existerait de la corruption dans tous les secteurs d'activité, ou qu'il s'agirait d'une des conséquences inéluctables de la normalisation de l'écologie, semble d'autant moins opérant qu'il décrédibilise dans son ensemble une politique qui prétend défendre la nature mais qui porte en réalité atteinte aux écosystèmes et à la santé des habitants.

68. « Vendée. Éolien Yeu-Noirmoutier : une enquête préliminaire ouverte », in *Ouest-France*, 11 mars 2019.

10

L'ombre de Cosa Nostra

La mafia dans ses différentes formes a investi massivement le secteur industriel du marché du vent. Une des premières affaires a été dévoilée en 2009. Dans le cadre d'une importante opération intitulée « Autant en emporte le vent », la police italienne a mis sous séquestre des centrales éoliennes d'une valeur de cent cinquante-sept millions d'euros dans le sud du pays, en Campanie et en Sicile. Poursuivies pour escroquerie dans le secteur environnemental, quinze personnes étaient recherchées pour détournement de subventions régionales et européennes à l'occasion de la construction de parcs éoliens. Elles étaient notamment soupçonnées d'avoir falsifié des papiers pour augmenter les possibilités de financement de centrales éoliennes.

L'hebdomadaire italien *iO Donna* a dévoilé dans son édition du 7 novembre 2009[1] l'affaire des éoliennes de Sicile et l'infiltration de la mafia. Le magazine expliquait que la Sicile comptait plus de 900 éoliennes et que des

1. Repris dans : « Éoliennes : "le nouveau business plan de la Cosa Nostra" », in *Le Monde* avec l'AFP, 12 novembre 2009.

milliers étaient en cours de construction, « même là où le vent n'a pas la force de les faire tourner ». Il soulignait que ces centrales éoliennes représentaient « *le nouveau* business plan *de la Cosa Nostra* », qui est devenue un acteur majeur de l'économie verte en Sicile.

Vito Nicastri : « Le Seigneur du vent » de la Cosa Nostra

À la tête de cette organisation criminelle en Sicile, Vito Nicastri, surnommé le « Seigneur du vent », a été arrêté et l'ensemble de ses biens confisqués. Après enquête, l'affaire concerne finalement en 2010 l'équivalent d'un milliard cinq cents millions d'euros de biens saisis, dont quarante-trois sociétés, principalement dans les secteurs de l'énergie solaire et éolienne, ainsi qu'une centaine de terrains, villas et entrepôts, voitures de luxe et un catamaran. Vito Nicastri, qui avait commencé sa carrière en tant que plombier et électricien, était l'un des plus importants propriétaires de centrales éoliennes en Italie et avait vendu la plupart de ses projets d'éoliennes à IVPC, une société basée à Naples et dirigée par Oreste Vigorito, également président de l'Association italienne de l'énergie éolienne et inquiété dans le cadre de cette affaire.

Selon la DIA (Direction des enquêtes antimafia), Vito Nicastri serait en réalité l'homme de paille de l'actuel chef suprême de Cosa Nostra, Matteo Messina Denaro, en cavale depuis 27 ans et activement recherché par la police italienne[2]. Par ailleurs, la police antimafia a mis au jour une kyrielle de sociétés imbriquées, luxembourgeoises, danoises et espagnoles, qui étaient utilisées

2. Richard Heuzé, « La traque sans fin du dernier parrain de la mafia sicilienne », in *Le Figaro*, 26 août 2018.

pour blanchir l'argent[3]. Les structures propriétaires des centrales éoliennes, qui n'étaient pas nécessairement italiennes, pouvaient trouver refuge dans des paradis fiscaux européens, ou s'installer en parfaite légalité dans des pays a priori peu suspects d'abriter des structures de la mafia.

Les enquêteurs de la DIA ont également découvert qu'au cœur du dispositif existait au Luxembourg une société appelée LUNIX, contrôlée par le fameux « Seigneur du vent », Vito Nicastri, et des membres de sa famille. Plaque tournante des activités de la Cosa Nostra dans l'éolien, cette société détenait un grand nombre de sociétés enchevêtrées, de Malte, du Panama, et dont le point commun était précisément la construction d'éoliennes en Sicile et bien au-delà. Lorsque les autorités italiennes ont souhaité faire saisir la société LUNIX au Luxembourg, la société a alors immédiatement été liquidée par le propriétaire[4].

Toutes ces enquêtes amenèrent le SIRASCO, le service français anti-mafia, dans un rapport (vite enterré) à l'attention du Premier ministre français, à informer en 2012 de l'intérêt du crime organisé italien pour les éoliennes : « Les mafias italiennes s'intéressent désormais aux "énergies vertes[5]" ». Et ce, en détournant d'importantes subventions européennes. Leur technique : « l'infiltration au sein d'administrations décentralisées »

3. Pierre de Gasquet, « L'Italie saisit le bras armé de la Mafia dans l'éolien », in *Les Échos*, 4 avril 2013.

4. Raf Sauviller, (Thomas Lecloux trad.), « Quand Electrabel faisait du business avec Cosa Nostra », in *Médor*, n° 2, Printemps 2016, p. 22-29, en ligne depuis juillet 2018 *medor. coop/fr/articles/electrabel-cosa-nostra-mafia-sauviller-raf-investigation-cosa-nostra-Sicile-Apache-WindCo-Lunix-Nicastri-Denaro-eolien/*

5. Jean-Marc Leclerc, « Cinq organisations criminelles étrangères sous surveillance », in *Le Figaro*, 21 octobre 2012.

pour « influer sur la désignation des zones retenues pour l'implantation de parcs d'éoliennes ». Le SIRASCO ajoutait même : « Des soupçons de corruption pèsent sur des fonctionnaires… »

Un an après, Europol faisait de même en dévoilant que la mafia investissait dans l'éolien pour blanchir l'argent sale[6]. Le rapport soulignait cette fois :

> *Les informations révèlent que les mafias italiennes investissent de plus en plus dans les secteurs des énergies renouvelables, notamment dans les parcs éoliens, pour profiter des prêts et des aides européennes généreuses accordées par les États membres, ce qui leur permet de blanchir les revenus du crime au travers d'activités économiques légales.*

Le rapport soulignait qu'une partie des sociétés écrans étaient hors d'Italie – à San Marin, en Suisse ou en Allemagne.

En 2010, le procureur italien anti-mafia Roberto Scarpinato[7] avait déjà alerté l'Europe sur l'investissement de la mafia dans l'éolien et l'énergie verte. Dans une interview qu'il avait accordée à Arte[8], il expliquait :

> *En Italie, différentes enquêtes ont montré que la mafia contrôle quasiment tout le secteur de l'éolien en Sicile par le biais de centaines de sociétés qui semblent appartenir à des personnes différentes, mais*

6. « La mafia investit dans les parcs éoliens pour blanchir son argent », in *Le Monde* avec l'AFP, 4 juillet 2013.
7. Procureur général auprès du parquet de Palerme depuis 2013. Il s'est engagé en 1989 au pôle antimafia de Palerme où il dirigea les départements mafia-économie, mafia de Trapani et criminalité économique. Il vit sous protection policière.
8. Arte, entretien avec Roberto Scarpinato, 17 août 2010.

> *qui, en réalité, sont contrôlées par le même groupe [...] Ensuite, après le gaz, la mafia s'est intéressée à l'énergie éolienne et photovoltaïque et nous avons découvert qu'il y a même eu des accords passés entre les mafias italiennes et la mafia russe, pour pouvoir contrôler ce secteur de l'énergie qui est stratégique.*

Au journaliste allemand d'Arte, qui soulignait le fait que la mafia disposait, désormais, de toutes les compétences économiques utiles pour tirer les marrons du feu et profiter aussi en Allemagne des abaissements fiscaux dont bénéficient les investissements dans les énergies renouvelables, le procureur Scarpinato a répondu :

> *Il y a bien un risque que des fonds européens, des fonds publics finissent dans les poches de la mafia. C'est arrivé en Italie. La mafia a contrôlé les appels d'offres publics, a contrôlé les financements publics, et a eu des accords secrets avec des décideurs politiques importants en éliminant physiquement des hommes politiques qui ne se laissaient pas corrompre. Ce problème, on l'a connu en Italie, vous allez le connaître également chez vous.*

Il parlait de l'Allemagne et des autres pays européens.

Les centrales éoliennes construites en Italie appartenaient donc bien à des structures officielles détenues indirectement par la mafia ayant des liens d'affaires avec les organisations syndicales du pays, comme en attestent les relations entre Nicastri et le président du syndicat italien de promoteurs éoliens.

Dans son entretien sur Arte[9], le procureur Scarpinato évoque les changements sociologiques de la mafia,

9. Arte, entretien avec Roberto Scarpinato, 17 août 2010.

insistant sur le fait qu'il est aujourd'hui plus difficile d'enquêter car désormais les chefs les plus importants de la mafia sont des médecins, des architectes, des chefs d'entreprise, des gens bardés de diplômes et qu'ils sont en mesure, par leurs relations, de contrôler des secteurs très importants de la politique ou du monde de l'éducation. Aussi est-il compliqué de faire le lien entre certains promoteurs européens et la mafia. Cependant, il note que des comportements ou des liaisons officielles attestent de l'existence de relations étroites soit dans les pratiques, soit dans les relations capitalistiques.

Le déploiement de la pieuvre en Europe

En Allemagne, Günter Benik, un des pionniers de l'énergie éolienne du pays, a été arrêté en juin 2011[10]. Les procureurs et les inspecteurs des impôts avaient perquisitionné, pour des soupçons d'évasion fiscale, dix-sept appartements et locaux commerciaux d'un des plus importants groupes énergétiques allemands ayant des intérêts dans le monde entier. Après les perquisitions, les soupçons d'évasion fiscale, s'évaluant en millions d'euros, avaient été confirmés. Günter Benik avait du reste déjà été condamné un an auparavant par la chambre du tribunal correctionnel de Paderborn pour des faits de détournement.

À l'époque, le groupe énergétique, principalement éolien, réalisait un chiffre d'affaires annuel d'environ trente millions d'euros et avait son siège social en Suisse. Il était membre de différents syndicats de promoteurs éoliens français et allemands. Il était impliqué lui aussi

10. Hubertus VON GARTNER, « Windkraftpionier Benik verhaftet », in *NW*, 22 juin 2011.

dans une galaxie de trente-cinq à quarante entreprises et se targuait d'avoir contribué au développement de plus de 1 740 mégawatts de capacité installée dans des parcs éoliens en Allemagne et en France, pour une valeur de plus d'un milliard sept cents millions d'euros. Mais il informait avoir des activités également en Russie, Roumanie et Estonie. Le lendemain de son arrestation le 24 juin 2011, Günter Benik, a été retrouvé mort dans sa cellule d'isolement[11]. Le procureur évoqua un suicide.

Le cas de la société de production d'électricité belge Electrabel est encore plus intéressant. Electrabel a depuis 2005 fusionné avec les actifs de la société française SUEZ[12], devenue Engie. Le journaliste Raf Sauviller a dévoilé en 2016[13] les liens d'affaires très étroits qui avaient pu exister entre Electrabel et la Cosa Nostra. La société Electrabel, une des principales sociétés de production et de fourniture d'électricité en Belgique, s'est portée acquéreuse en 2007 de la société Windco. Cette information est d'ailleurs confirmée par la mention dans les actifs du groupe SUEZ de la société Windco dans les documents de référence de 2007 et 2008[14] que nous avons pu retrouver et dans le rapport d'activité de la société Electrabel de 2007 consulté par Raf Sauviller[15].

Avant son rachat, la société Windco faisait partie des actifs de la société luxembourgeoise LUNIX,

11. *Id.* « Windkraftpionier Benik, Tod in der Untersuchungshaft », in *NW*, 25 juin 2011.

12. SUEZ jusqu'en 2008, puis GDF-SUEZ de 2008 à 2015, puis Engie en 2015.

13. Raf Sauviller, *op. cit.*, p. 22-29.

14. SUEZ, document de référence 2007, p. 242, *https://www.engie.com/wp-content/uploads/2012/05/2007-referencedocumentsuez.pdf* ou GDF-SUEZ, document de référence 2008, p. 337, *engie.com/wp-content/uploads/2017/09/consulter-le-document-de-reference-2008.pdf.*

15. Raf Sauvillier, *op. cit.* p. 22-29.

qui avait elle-même pour bénéficiaire économique le fameux Nicastri, le « Seigneur du vent[16] ». Raf Sauviller a remarqué que le rapport d'activité de 2007 d'Electrabel[17], mentionne que, début 2008, Electrabel est entrée pour 90 % dans l'entreprise Windco qui développe un parc de soixante-six mégawatts en Sicile. Plus loin, il est mentionné que les 10 % restants appartiennent à la société LUNIX[18].

Electrabel a donc acquis la société Windco à la holding luxembourgeoise LUNIX, qui servait elle-même de plaque tournante dans l'éolien à la Cosa Nostra, en restant quelques années associée de cette société, qui conservait de son côté 10 % des parts de Windco. Dans le rapport d'activité de GDF-Suez de 2010 les documents de référence mentionnent très clairement que GDF-Suez détient désormais via sa filiale italienne 100 % des parts de la société Windco[19]. Les 10 % restants ont donc été rachetés entre 2009 et 2010.

C'est ainsi qu'entre 2007, année d'acquisition des 90 % de Windco, et 2009 ou 2010, années présumées d'achat des 10 % restants de la société, GDF-Suez a été associée et partenaire d'une société contrôlée par la mafia italienne. Il est bien sûr difficile de blâmer l'encadrement de GDF-Suez qui, au moment de l'achat de la société Windco en 2007, pouvait parfaitement ignorer l'existence d'un lien de leur nouvelle filiale Electrabel avec la mafia. Ce n'est qu'*a posteriori* et après l'enquête de la

16. Rédaction, « Italian energy tycoon gets four years prison term », in *Ansa*, 5 février 2015.
17. Raf Sauvillier, *op. cit.*, p. 32.
18. *Ibid.*, p. 65.
19. GDF-Suez, document de référence 2010, p. 42, *engie.com/wp-content/uploads/2017/09/consulter-le-document-de-reference-2010.pdf*

DIA que ces liens capitalistiques ont pu être découverts et connus du grand public.

En revanche, il est incontestable que consciemment ou non, informée ou non, complice ou non, la société GDF-Suez a été à un moment donné associée de la Cosa Nostra en Italie via la société de Vito Nicastri et qu'elle a récupéré les centrales éoliennes en Sicile qui avaient appartenu à la mafia. Cela confirme que la mafia italienne a pu parfaitement contaminer d'autres entités tout à fait respectables en Europe comme dans le monde, mais il est très difficile, compte tenu en particulier de la dissolution de la société LUNIX, de le prouver avec certitude.

La corruption d'un ministre de Salvini

Cette affaire reste cependant au cœur de l'actualité, car, en Italie, la DIA continue inlassablement ses enquêtes sur la mafia et la corruption dans le secteur des énergies renouvelables. C'est ainsi que le fameux Vito Nicastri, qui a déjà purgé quatre ans de prison, y est retourné en 2018, cette fois-ci en détention provisoire, pour des soupçons de corruption et des pots-de-vin, toujours pour des activités dans les énergies renouvelables. La presse italienne s'en est largement fait l'écho[20], car des élus locaux et nationaux pourraient être impliqués dans ces affaires. La presse sicilienne rapporte ainsi que les juges chargés de l'affaire découvrent d'impressionnants comportements de corruption qui impliqueraient au

20. Felice Cavallaro, « Chi è Vito Nicastri : da elettricista a “re dell'eolico” ai rapporti con Cosa Nostra », in *Corriere della Serra*, 18 avril 2019 ; Rédaction, « La scalata di Vito Nicastri da elettricista a “signore del vento” », in *Sicilia*, 18 avril 2019.

fil du temps des fonctionnaires régionaux, des biens de l'État et des zones de servitudes militaires. Vito Nicastri entretenant des liens étroits avec des hommes politiques nationaux et siciliens. Lors d'une audience d'avril 2019, le procureur a demandé douze ans de prison pour Vito Nicastri pour association mafieuse et direction d'actifs fictifs[21].

La nouvelle enquête sur Vito Nicastri du parquet de Palerme a pris un tour national dans la mesure où le sous-secrétaire aux Infrastructures et Transports Armando Siri, élu de la ligue du Nord et proche de Salvini, est soupçonné d'avoir reçu de l'argent – environ trente mille euros – pour déposer un amendement nécessaire à la modification d'une disposition de la loi de finances 2018. Cet amendement aurait favorisé l'octroi de contributions aux sociétés opérant dans les énergies renouvelables, et en particulier dans l'électricité éolienne[22]. Le ministre a été depuis lors démis de ses fonctions[23] en Conseil des ministres. Par ailleurs, d'autres personnalités politiques de Sicile sont visées par des enquêtes pour corruption dans le domaine des énergies renouvelables en lien avec Vito Nicastri, qui a accepté de collaborer avec la justice, si bien que l'affaire pourrait prendre encore plus d'ampleur.

Il est intéressant de noter que, tandis que les médias italiens analysent de façon assez précise la corruption et l'intervention de la mafia dans le domaine des éoliennes[24],

21. « Caso Siri, chiesti 12 anni per il "re dell'eolico" Nicastri », in *Repubblica*, 24 avril 2019.

22. Gianluca Paolucci, « Il sottosegretario Siri indagato per corruzione », in *La Stampa*, 18 avril 2019.

23. Filippo Monteforte, « Italie : un proche de Salvini soupçonné de corruption écarté du gouvernement », in AFP/RFI, 9 mai 2019.

24. *antimafiaduemila.com/home/mafie-news/261-cronaca/74243-corruzione-eolico-il-sottosegretario-siri-sara-presto-interrogato.html*

en France le sujet reste plutôt tabou. Il est pourtant incontestable que la mafia, en particulier italienne, a véritablement infiltré la filière éolienne. On peut même se demander si elle ne l'a pas elle-même développée, la mafia étant toujours à la pointe des nouvelles technologies qui sont pour elle une opportunité de développement. À la lumière des derniers rebondissements en Italie, il est même assez probable qu'elle continue à tirer les ficelles de ce secteur économique très rentable via ses holdings situées en Europe ou dans des paradis fiscaux.

La structure des sociétés éoliennes développées dans nos pays en Europe et en France ressemble étrangement aux systèmes en cascade dévoilés par le procureur antimafia italien. Chaque centrale éolienne dans un village (voire chaque éolienne) appartient à une société unique, cette société appartient à une holding « animatrice » qui détient souvent 100 % de ses filiales. La holding « animatrice », qui peut être domiciliée par exemple en France, peut être détenue elle-même par une société luxembourgeoise ou suisse, voire par une société immatriculée dans des paradis fiscaux plus ou moins respectables. Beaucoup de grands groupes éoliens ressemblent donc à une constellation de sociétés à la tête desquelles se trouve la holding de tête, et dont il est parfois impossible de déterminer avec certitude le véritable bénéficiaire économique final.

Une masse d'argent gigantesque comprenant aides européennes, tarifs subventionnés, outils de défiscalisation, etc. se trouve donc aspirée par le biais des éoliennes vers des canaux financiers dont le véritable bénéficiaire est souvent obscur. De petites contributions, au début indolores, imposées sur les factures d'électricité, puis sur l'essence à travers des taxes dites carbone, viennent alimenter des flux financiers importants, qui sont défiscalisés et exportés sans aucun contrôle et avec la complicité bienveillante – voire complice – des élus de certains États qui bénéficient directement ou indirectement de ce racket généralisé.

Encore récemment, certains politiciens écologistes[25] ont réclamé publiquement des enveloppes financières supplémentaires de centaines de milliards d'euros au motif de sauver la planète, mais elles finissent finalement dans les poches des réseaux – parfois mafieux – qui influent sur les structures et associations écologistes.

25. « Yannick Jadot, tête de liste EELV aux Européennes, propose 100 milliards d'investissement dans le renouvelable et un "traité environnemental" ». Arthur Nazaret, « Yannick Jadot dévoile le programme des Verts pour les Européennes », in *Journal du Dimanche*, 23 mars 2019.

Conclusion

Au terme de cette enquête, nous ne pouvons que faire ce constat accablant : présentées comme des moyens de sauver le climat, les éoliennes sont un scandale écologique et financier mondial. Malgré leurs très nombreux défauts, certains États y voient un outil marketing et politique efficace, très visible, destiné à accréditer auprès des populations leur volontarisme en matière d'écologie.

Les éoliennes ne sont pas efficaces dans la lutte contre le changement climatique et participent même à sa dégradation, via les émissions de gaz à effet de serre qu'elles contribuent à émettre. La question du recyclage et de la pollution des matières premières nécessaires à leur fabrication constitue une énorme difficulté, non résolue à ce jour. À travers le monde, on commence à prendre conscience que les éoliennes constituent des bombes à retardement écologiques et sanitaires, et de nombreux États se désengagent ou limitent leurs investissements dans ce secteur électrique.

Fin 2018, lors de la Cop 24, la Pologne a annoncé la fin des installations d'éoliennes sur son territoire et, d'ici 2040, prévoit un calendrier progressif de démantèlement de celles déjà installées[1]. Constatant les enjeux de santé publique, ce pays fait valoir le principe de précaution et donne l'exemple aux États qui souhaitent lutter contre les émissions de gaz à effet de serre avec sérieux et avec le moins d'impact possible sur l'environnement.

Deux grands pays, la Russie et les États-Unis, expriment également de forts doutes sur le sujet. En juillet 2019, le président russe a fustigé les éoliennes et les atteintes graves qu'elles portent à la biodiversité et au monde animal[2]. De son côté, l'administration fédérale américaine retardait l'installation potentielle des nouvelles centrales éoliennes en mer à cause de leur impact important sur le monde de la pêche[3]. Alors que les subventions aux éoliennes vont expirer aux États-Unis en 2020, la non-reconduction de ces dernières par le Congrès est très fortement envisagée[4].

De son côté, en raison de la fin des subventions aux éoliennes, l'Allemagne, pays fer de lance dans le domaine, commence à en désinstaller sans qu'il y ait nécessairement de remplacement. Dans ce pays, comme en France du reste, la résistance à l'installation des éoliennes est particulièrement intense et devient un sujet politique majeur.

Bref, tous les signaux sont au rouge pour les éoliennes à l'échelle mondiale.

1. *gov.pl/web/energia/polityka-energetyczna-polski-do-2040-r-zapraszamy-do-konsultacji1*

2. Vladimir SOLDATKIN et Eric FAYE pour le service français, « Poutine défend vers de terre et oiseaux contre l'énergie éolienne », in *Reuters Moscou*, 9 juillet 2019.

3. Chris MARTIN et Jennifer A. DLOUHY, « Trump Delay Casts Doubt on First Major U.S. Offshore Wind Farm », in *Bloomberg*, 9 août 2019.

4. *publicintegrity.org/state-politics/an-uncertain-future-for-americas-wind-energy-capital/*

Depuis 2015, on assiste d'ailleurs à un ralentissement mondial des nouvelles installations d'éoliennes, installations qui sont passées de 63,6 gigawatts en 2015 à 51,3 gigawatts en 2018, soit une baisse de presque 20 % en trois ans[5]. En Europe, la puissance installée en 2018 a chuté de 33 % par rapport à 2017, passant de 17,1 gigawatts installés en 2017, à seulement 11,7 gigawatts en 2018[6]. Plus spectaculaire, avec seulement trente-cinq éoliennes installées au premier semestre 2019, l'Allemagne connaît une baisse record de 82 % de la puissance installée par rapport au premier semestre 2018[7]. C'est un véritable effondrement, le signal d'une décrue évidente.

Constatant cette perte de vitesse mondiale, les commerciaux et lobbyistes du vent concentrent alors leur activité vers des pays qui avaient jusque-là limité les implantations massives. C'est la raison pour laquelle les acteurs éoliens concentrent leur effort vers la France ou vers l'Asie par un lobbying intensif, prétextant d'une urgence climatique hors sujet.

La commission d'enquête parlementaire ouverte en France sur les énergies renouvelables[8] et le rapport de la commission des finances[9] sur les éoliennes ont permis

---

5. *connaissancedesenergies.org/leolien-en-europe-et-dans-le-monde-en-2018-190227* et *gwec.net/global-wind-report-2018*

6. « Wind energy in Europe in 2018 – Trends and statistics », in Wind Europ, février 2019, *windeurope.org*.

7. Von Daniel Wetzel, « Windkraft-Kollaps gefährdet Deutschlands Energiewende », in *Die Welt*, 25 juillet 2019.

8. Assemblée nationale, rapport d'enquête sur l'impact économique, industriel et environnemental des énergies renouvelables, sur la transparence des financements et sur l'acceptabilité sociale des politiques de transition énergétique, n° 2195 déposé le 25 juillet 2019.

9. Assemblée nationale, Annexe 18 : « Écologie, développement et mobilité rurale », du rapport fait au nom de la commission des finances, rapporteur spécial, Julien Aubert, député.

de mettre en lumière, dans le cadre des auditions, les enjeux et les détournements financiers considérables de cette source d'électricité qui, malgré les milliards d'euros engloutis à fonds perdus, se révèle d'une piètre efficacité dans la lutte contre les émissions de gaz à effet de serre.

Dépassées, les éoliennes constituent aujourd'hui une technologie obsolète. L'orientation dans cette voie ne peut que faire perdre du temps à la lutte contre les émissions de gaz à effet de serre et la modification climatique. Les partisans de l'écolo-business favorables aux éoliennes portent la lourde responsabilité d'avoir incité les États à investir dans une impasse écologique qui a de forts impacts sur la santé humaine et animale et, ceci, en dépit de l'urgence climatique. Cette fuite en avant irrationnelle et ces investissements massifs ont détourné les gouvernements de l'innovation et de la recherche fondamentale sur le sujet.

Aussi, face à ce scandale mondial inédit dans l'histoire, la question aujourd'hui n'est plus de savoir s'il faut ou non continuer cette politique massive d'installation d'éoliennes, mais est plutôt de savoir quand les dernières éoliennes seront intégralement démontées. À l'instar des États responsables qui ont déjà fait ce choix, il convient d'avoir le courage d'envisager au plus vite et à l'échelle mondiale une politique rationnelle de démantèlement des centrales éoliennes.

Table

Achevé d'imprimer par
Nouvelle Imprimerie Laballery,
en janvier 2020
N° d'imprimeur : 912466

Dépôt légal : octobre 2019

Imprimé en France

La Nouvelle Imprimerie Laballery est titulaire de la marque Imprim'Vert®